인류를 이끌어 온 고전의 향기를 맡는다

나의·고전·읽기

철학, 사상, 사회학, 과학 등 다양한 분야의 동서양 고전을 전문 연구자들의
조직적인 원문 발췌와 현재적 의미를 되살리는 개성적인 해제를 통해 만납니다.
나의 고전 읽기는 흥미진진한 고전 여행의 길잡이가 되어 줄 것입니다.

- 바다를 품은 책 자산어보 손택수 지음 | 정약전 원저
- 우리 고대로 가는 길 삼국유사 이경덕 지음 | 일연 원저
- 인간을 위한 약속 사회계약론 김성은 지음 | 장 자크 루소 원저
- 진리의 꽃다발 법구경 장철문 지음
- 지금 우리가 누리는 자유 통치론 박치현 지음 | 존 로크 원저
- 생각하는 나의 발견 방법서설 김은주 지음 | 르네 데카르트 원저
- 삶으로서의 철학 소크라테스의 변론 나종석 지음 | 플라톤 원저
- 28자로 이룬 문자혁명 훈민정음 김슬옹 지음 | 세종 외 원저
- 세상과 소통하는 힘 주역 심의용 지음
- 새로운 공동체를 향한 운동 공산주의 선언
  박찬종 지음 | 칼 마르크스·프리드리히 엥겔스 원저
- 인류의 영원한 고전 신약성서 정승우 지음
- 조선 최고의 예술 판소리 정출헌 지음
- 미래를 창조하는 나 차라투스트라는 이렇게 말했다
  이수영 지음 | 프리드리히 니체 원저
- 세계와 인간을 탐구한 서사시 오뒷세이아 강대진 지음 | 호메로스 원저
- 이성의 운명에 대한 고백 순수 이성 비판 김상현 지음 | 임마누엘 칸트 원저
- 생명의 비밀을 밝힌 기록 이중 나선 이한음 지음 | 제임스 왓슨 원저
- 근대인의 탄생 프로테스탄티즘의 윤리와 자본주의 정신
  김성은 지음 | 막스 베버 원저
- 살기 좋은 세상을 향한 꿈 맹자 김태완 지음
- 옛사람들의 세상 읽기 그리스 신화 강대진 지음
- 과학에 대한 새로운 관점 과학혁명의 구조 김동광 지음 | 토머스 쿤 원저
- 무하유지향에서 들려오는 메아리 장자 김시천 지음
- 마키아벨리를 위한 변명 군주론 조한욱 지음 | 니콜로 마키아벨리 원저

마키아벨리를 위한 변명

군주론

마키아벨리를 위한 변명

❦

군주론

조한욱 지음
니콜로 마키아벨리 원저

Mirae N 아이세움

——일러두기

1. 본문 중 『군주론』 원문의 인용문은 저자가 직접 번역하고 다듬어 인용한 것입니다.
2. 『군주론』 원문 인용에는 책 제목을 생략하고 장 표시만 하였습니다.
3. 본문 중 pp. 7, 34-35, 44, 45, 59, 69, 70, 74, 88, 90, 91, 96, 106, 107, 112, 114, 116, 117, 118, 123, 126, 129, 131, 145, 146, 149, 152, 153, 157, 161, 168, 170, 172, 179, 183, 184의 이미지는 Wikipedia Commons의 이미지를 사용하였습니다.

마키아벨리를 위한 변명

고전이란 세월의 무게를 견디며 많은 사람들의 공감을 불러일으킬 수 있는 저작에 주어지는 명예의 훈장이다. 자신이 속한 시대의 문제점을 꿰뚫어 예리하게 직시하면서도 동시대인들의 아픔을 보듬어 줄 수 있는 명문장가의 저작이 세월이나 국경, 인종이나 성별을 초월하여 누구든 공감할 수 있는 감흥을 줄 때 고전의 반열에 오른다. 책이나 예술 작품을 가리키는 명사로 '고전'이라는 단어를 사용하든 '고전주의', '고전 음악', '고전 경제학' 등등 다른 사물을 수식해 주는 형용사의 어법으로 사용하든 그 단어에서 풍기는 울림은 같다. 즉, '고전'은 오래전에 만들어졌지만 시대를 가로지르는 의미를 갖고 있어 후대에 전범이 된다는 것이다. 게다가 고전은 시간뿐 아니라 공간도 뛰어넘어 출판된 특정 지역이나 국가를 넘고 지리적 경계나 인종을 초월하여 누구에게나 감명을 주는 저작을 가리키기도 한다. 고대 그리스 암흑시대에 호메로스가 지은 서사시처럼 시공을 뛰어넘어 21세기를 사는 한국의 독자들에게도 교훈과 감동을 전달할 수 있는 저작이야말로 고전이라 불릴 수 있다.

고전에 대한 이러한 관념에서 최소한 두 가지 전제가 파생한다. 그 하나는, 동서고금을 통틀어 공감을 줄 수 있는 저작이 고전이라면 그것은 창작이 되었을 당시부터 대다수 사람들에게 환영을 받았으리라는 것이다. 다른 하나는 고전을 읽을 때 우리가 해야 할 일이란 시간을 가로지름과 동시에 공간을 넘나드는 보편의 가치를 찾아내서 그것으로부터 교훈을 얻어 내야 한다는 것이다. 일견 당연해 보이는 전제들이다. 그렇지만 당연해 보인다 해서 언제나 옳지는 않다. 두 전제가 모두 틀릴 수 있음을 보여 주는 대표적 사례가 이탈리아 르네상스 시대의 대표적 사상가인 니콜로 마키아벨리의 저작 『군주론』이다.

　　『군주론』은 출판될 당시에 환영을 받지 못한 정도가 아니었다. 『군주론』을 포함한 마키아벨리의 모든 저작은 1559년 바티칸 교황청의 "금서 목록(Index Librorum Prohibitorum)"에 올랐다. 부도덕한 책이나 신학적 잘못을 담고 있는 책을 신자들이 읽지 못하도록 금지시켜 그들의 신앙과 도덕을 보호하려는 목적으로 가톨릭교회에서 만든 것이 "금서 목록"이다. 통치를 위해서는 살인을 포함한 중범죄까지 군주에게 허용해야 한다는 마키아벨리의 논지가 착한 행동을 권장하는 가톨릭교회의 가르침과 어긋난다는 것은 명백하다. 그러나 실상 국민 전체를 다스리는 통치자는 그 목적을 위해 세간의 도덕이나 법률에 구애받지 않아도 된다는 관념은 고대부터 중세로 이어져 내려왔다. 그렇다면 어찌하여 이전의 많은 선례에는 눈을 감으면서 특히 마키아벨리의 『군주론』이 목적을 위해서는 권모술수나 배신이나 살인과 같은 수단도 정당화될 수 있다는 극단적인 현실주의 정치 이론의 대명사가 되었을까?

●●●
1564년 베네치아에서 발간된 "금서 목록"의 표지.

게다가 그 정도에서 그친 것이 아니었다. "금서 목록"은 가톨릭교회에서 개신교의 종교개혁을 맞아 위협을 느끼며 자신의 성격을 명확하게 규정하기 위해 작성한 것이기도 했다. 『군주론』이 가톨릭교회에서 금서로 낙인이 찍혔다면 당시로서 적이었던 개신교에서는 이 책에 대해 어느 정도 방관의 자세를 취하지 않았을까? 그러나 북부 유럽의 개신교 국가에서는 마키아벨리가 이탈리아 사람이고 따라서 가톨릭교도라는 이유로 그를 배척했다. 1572년 종교전쟁의 소용돌이 속에서 바르톨로메오 성인 축일에 개신교도의 대학살이 있었다. 파리에서 시작되었던 이 사건이 프랑스 전역으로 파급되며 대략 10만 명 정도에 달하는 개신교도가 비참한 죽음을 맞이했다. 이후 개신교도는 그것을 주도했던 기즈 가문을 마키아벨리의 충실한 제자라고 비난했다. 대학살을 주도했던 또 다른 인물인 국왕의 모친 카트린 드메디시스는 마키아벨리의 책을 머리맡에 두고 잠을 잤다며, 대학살도 마키아벨리를 연구하면서 계획을 세운 것이었다는 풍문이 돌아다녔다.

가톨릭과 개신교 모두에게서 『군주론』이 비난을 받았던 것뿐 아니라 마키아벨리라는 사람 자체도 악마 또는 악마의 대변자와 동일하게 취급되는 일이 도처에서 일어났다. 그렇듯 사악한 모습으로 정형화되어 마키아벨리는 문학 작품 속에도 모습을 드러냈다. 『군주론』이 발간되고 채 30년도 지나기 전에 이미 악마에게는 마키아벨리의 이름 니콜로의 애칭인 '니크'라는 별명이 붙었다. 마키아벨리를 형상화한 인물이 작품 속에 나타났고 셰익스피어는 한 희곡에서 부도덕한 군주인 리처드 3세를 마키아벨리에 비유하기도 했다. 리처드 3세는 부도덕한 인물이었을 뿐 마키아벨리가 『군주론』에서 논하는 지배자처럼 목적을 갖고 행동하는 정치인은 되지 못했는데도 말이다. 스탕달의 소설 『적과 흑』의 주인공 쥘리엥 소렐은 자신의 출세를 위해 여인의 애정까지도 이용하는 인물이다. 그런데 스탕달은 자신이 창작해 낸 인물인 소렐이 마키아벨리에게서 영감을 얻은 결과라고 언급한 적이 있었고, 실제로 그 소설의 여러 장을 시작하는 경구를 마키아벨리에게서 인용했다. 한마디로 마키아벨리는 어떤 종류이건 대규모로, 또는 비인간적으로 자행되는 사악함과 부도덕함을 옹호하는 사람으로 비난받기에 이르렀다는 것이다.

　그렇지만 오늘날 『군주론』은 고전의 반열에 올라, 정치를 수행하려 하거나 역사를 공부하려는 사람들이 반드시 읽어야 하는 필독서로 꼽힌다. 정치에 입문하려는 사람들에게 『군주론』은 권력을 획득하고 유지하기 위한 지침서로 자리 잡고 있다. 역사를 공부하는 사람들에게 마키아벨리는 근대 정치학 발전의 초석을 세운 인물로 추앙받으며 근대 정치사상사의 개설서 첫머리를 장식한다. 마키아벨리에 대한 평가가 이렇게 뒤바뀌게 된 까닭은 무엇일까? 첫째로, 현실주의와 물질주의적 세계관이 점차 득세하면서 마키아벨리와 그의 사상에 대한 재평가가 이루어졌다는 사실을 꼽을 수 있다. 둘째로, 학문이 발전하면서 연구의 과정에서 가치관을 배제해야 한다는 방법론이 발전하게 된 것도 중요한 요인이다. 거기에 더해 앞서 이야기했듯 고전에서 시공을 초월하는 보편적 가치를 찾아야 한다는 독서법에 관련해서도 큰 변화가 일어나, 마키아벨리가 오해에

연유하는 악평으로부터 벗어나는 데 도움이 되었다.

고전에서 우리가 읽어 내야 하는 것은 시간과 공간을 초월하여 통용될 수 있는 가치이며, 그것을 찾아야 한다는 생각이 널리 퍼져 있던 적이 있었다. 미국의 하버드 대학교에서 학생들이 읽어야 할 필독서로 고전 100권을 선정한 일이 있었다. 그것을 본받아 '세계 명작 선집'과 같은 전집류가 줄줄이 출판되었고, 거기에 포함된 책만 읽으면 교양인으로서 충분한 정신적 풍요를 누릴 수 있으리라는 믿음이 퍼져 있었다. 그와 함께 거기에 수록된 고전에서 동서고금을 통해 받아들일 수 있는 진리와 이상과 감성을 찾으려는 독서법도 만연해 있었다. 그러나 실상 오늘날 고전의 반열에 오른 작품이라 하더라도 처음 나타났을 당시에는 최신작이었다. 그것은 해당 시대의 문제점에 대해 그 당시 사람들에게 어떤 특정의 의미를 전달하기 위해 만들어진 것이었다. 따라서 지금은 고전이라고 일컬어진다 하더라도 그것을 읽을 때는 그 당시의 시대적 배경을 고려하며 그 맥락에 비추어 읽어야 한다는 새로운 읽기의 방식이 등장했다. 이러한 방식을 '맥락주의(contextualism)'라고 말한다.

'맥락주의'는 독서법과 관련된 말이지만 거기에 국한되지만은 않는다. 그것은 인물이나 사건에 대한 평가에도 적용된다. 예를 들어, 빼앗긴 국가를 찾기 위해 이토 히로부미를 암살한 안중근 의사나 자신의 욕심을 채우기 위해 도둑질을 하다가 사람을 죽인 자거나 상황이나 맥락을 고려하지 않는다면 살인자라는 면에서는 똑같다. 그렇지만 역사적 상황이나 인간적 정황을 염두에 둘 때 그 두 종류의 살인은 아주 다른 평가를 받아, 한 사람은 우국지사로 추앙되고 다른 사람은 파렴치범으로 멸시받는다. 이렇듯 상황이나 맥락에 대한 고려가 있고 없음에 따라 인물이나 사건에 대한 평가가 완전히 바뀔 수 있는 것처럼, 책을 읽을 때에도 그 책이 출판되었던 당시의 역사적 맥락을 염두에 두는가, 그렇지 않은가에 따라 책에 대한 평가는 전혀 다른 방향으로 나아갈 수 있다. 때로 어떤 책은 과도하게 칭찬을 받을 수도 있고 어떤 책은 오명을 뒤집어쓸 수도 있다.

과도하게 칭찬을 받은 대표적인 작품의 하나로 조너선 스위프트의 『걸리버 여행기』를 꼽을 수 있을 것이다. 본디 스위프트는 18세기 영국의 정치와 종교의 위선과 가식을 풍자하기 위해 어른들을 대상으로 이 소설을 썼다. 그러나 이 저작이 보여 주는 경이로 가득찬 환상의 세계에 어린이들이 열광하기 시작하자 그 이후 출판업자들에 의해 이 작품이 어린이용으로 바뀌었다. 그 결과 오늘날 어느곳에서도 대다수 사람들은 이 소설의 원래 의도를 알지 못한 채 어린이에게 놀라운 환상의 세계를 펼쳐 주는 원조 판타지 소설쯤으로받아들이고 있다.

반면 맥락을 고려하지 않은 읽기의 결과로 오명을 넘어 악평을얻게 된 대표적인 경우가 마키아벨리의 『군주론』이다. 그 책에는거대하게 본다면 이탈리아의 르네상스가 갖는 전반적인 특징, 조금좁혀 본다면 피렌체라는 도시가 처한 위기, 더 협소하게는 마키아벨리라는 인물의 개인적 소양과 배경이 녹아들어 있다. 그런 점을고려하지 않으면서 "군주는 능숙한 사기꾼이자 위선자이어야 한다."와 같은 구절만을 문제 삼은 결과 마키아벨리는 악마의 하수인이 되었다. 그러나 그는 르네상스 시대 대다수 이탈리아 지식인들과 마찬가지로 고대의 학문에 대해 해박한 지식을 갖고 있던 인문학자로서 그들과 많은 공통점을 갖고 있다. 또한 그는 피렌체의 시정을 담당하던 충실한 관리이자 동시에 이탈리아의 통일을 염원하던 애국자이기도 했다. 그는 자신의 염원을 실천할 방식을 고전과 역사에 대한 깊은 통찰에서 찾으려 했다. 그간 마키아벨리에 대한 오해는 이러한 맥락을 염두에 두고 그의 글의 행간을 파악하려는 시도를 경시한 탓에서 비롯하는 바가 크다. 읽기의 방식에 변화가 생기면서 마키아벨리를 다면적인 역사적 상황에 위치시켜 그에 대한 평가에 변화가 생기게 된 것은 그나마 다행스러운 일이다.

따라서 이 책에서는 마키아벨리가 당면했던 여러 층위의 역사적 맥락을 다방면으로 면밀하게 검토하며 거기에 견주어 『군주론』을 읽어 나갈 것이다. 『군주론』이 대중적으로는 마키아벨리의 대표작으로 꼽힌다 할지라도, 그에 못지않게 중요한 것이 그가 쓴 수많은 역사 논고와 희곡을 비롯한 다른 저작이다. 그 다른 저작에 대한 이해가 병행될 때 『군주론』이 갖는 의미에 대한 총체적인 이해가 따라올 것이다. 특정 시대에 통용되던 의미를 찾아 준다고 해서 그 저작이 고전으로서 갖는 중요성이 상쇄되는 것은 아니다. 이 책이 나온 뒤 평가가 바뀌게 된 과정을 긴밀히 추적한다면 마키아벨리가 이 책에 주입시켰던 의도가 어떻게 다른 시간과 장소에서도 의미심장하게 부각될 수 있었는지 이해하게 될 것이다. 그것은 오늘날 우리에게 마키아벨리가 던져 주는 교훈, 즉 고전으로서 『군주론』이 갖는 면모를 드러내 보일 것이다. 그 결과로 마키아벨리와 『군주론』에 대해 균형 잡힌 평가를 내릴 수 있게 된다면 그것만으로도 이 책은 제 몫을 한 것이라 생각한다. 왜냐하면 '마키아벨리주의(Machiavellism)'라는 용어의 역사는 아직도 마키아벨리의 진정한 사상이 갖는 역사적 의미와는 동떨어진 오해의 역사이기 때문이다.

차 례

머리말 • 마키아벨리를 위한 변명　　　　　　　　　　　5

1　르네상스와 마키아벨리

　중세를 넘어 르네상스로　　　　　　　　　　　　　23

　격동의 피렌체　　　　　　　　　　　　　　　　　33

　인문학으로 무장한 관료　　　　　　　　　　　　42

　마키아벨리의 진실　　　　　　　　　　　　　　53

2　군주국의 분류와 그에 따른 부국 강병책

　세습 군주국과 신생 군주국　　　　　　　　　　　63

　마키아벨리의 역사적 방법　　　　　　　　　　　67

　마키아벨리의 문체　　　　　　　　　　　　　　72

　정복한 지역의 특성에 따른 지배 방식의 차이　　76

3 인간의 힘과 운명의 힘

도덕을 배제한 정치 철학자   85

자신의 힘과 능력으로 군주가 된 사람들   87

타인의 힘이나 행운의 힘으로 군주가 된 사람들   92

부정한 방법으로 군주가 된 사람들   98

시민형 군주국   101

교회형 군주국   105

4 훌륭한 군대의 중요성

용병의 취약성   111

지원군의 위험성   119

군주는 무엇을 해야 하는가?   124

자국 군대 중요성의 지적 계보   128

5 인간성에 대한 마키아벨리의 고찰

존재와 당위   137

관대함과 인색함   141

냉혹함과 인자함   144

여우와 사자   151

수사학적 전통   155

국가 이성   159

6 현실적인 조언들

경멸과 증오를 피하는 법   165

무장, 파벌, 요새   177

명성을 얻는 방법   182

충신과 아첨꾼   187

7 이탈리아 통일의 염원

이탈리아 군주들의 결함   193

운명의 힘과 인간의 힘   195

이탈리아 해방을 위한 권고   198

참고 도서   205

연표   207

1
르네상스와 마키아벨리

중세를 넘어
르네상스로

중세 유럽은 크리스트교 왕국이 천 년을 넘도록 지배했다. 그 세계에서는 신을 신봉하며 신이 계시한 말씀을 넘볼 수 없는 진리로 여겼다. 신은 성서를 통해서 계시했고, 따라서 성서야말로 영원한 진리의 절대적이고 유일한 근원이라 해도 지나친 말이 아니었다. 중세의 신학자들에게 가장 귀중한 관심사는 신에 대한 지식을 두루 모아 체계화시키는 일이었다. 신 앞에서 미천할 수밖에 없는 인간에 대한 배려는 찾아보기 힘들었다.

이런 세계에서 이탈리아를 중심으로 인간의 가치를 새롭게 발견하려는 움직임이 싹트기 시작했다. 이탈리아 사람들은 국토 어느 곳에서나 쉽게 마주칠 수 있는 로마 시대의 유적을 보며 로마 문화에 대한 열정을 키웠다. 그뿐 아니라 그들은 로마의 문물을 발굴하기 시작했다. 작가로 널리 알려져 있는 페트라르카와 보카치오 같은 인물들은 실상 로마 시대의 문서를 새로 찾아 후대에 전달한 작업으로도 명성이 높다. 그러한 열정은 곧 로마에 큰 영향을 미친 그리스 문물까지도 찾아내려는 시도로 이어졌다.

서양 문명의 원류로 일컬어지는 그리스와 로마의 문화는 인간 영혼의 고귀함과 육체의 아름다움을 강조했다. 인간의 가치를 무시했던 중세와는 현격하게 달랐다. 이탈리아의 지식인과 예술가 들은 중세를 '암흑의 시대'로 보면서 인간의 세상을 새롭게 탐구하고 묘사하기 시작했다. 그 영감은 고대에서 왔다. 고전적인 고대를 재탄생시켰다는 뜻에서 그들은 자신의 시대를 '리나시타'라고 불렀다. 19세기 프랑스 역사가 쥘 미슐레가 『프랑스사』에서 처음으로 '르네상스'라는 말을 사용한 뒤 이제는 그 시대를 가리키는 말로 르네상스라는 용어가 굳어졌지만, 이탈리아어 리나시타나 프랑스어 르네상스 모두 '재탄생'이라는 뜻이다.

르네상스 시대의 인문주의자들이 중세와 의도적으로 거리를 두며 자신의 시대를 새롭게 태어난 시대라고 불렀다 할지라도, 중세를 연구하는 학자들은 중세와 르네상스의 단절보다는 연속에 더 큰 무게를 둔다. 중세에도 특히 12세기부터 이미 고전이 연구되고 있었으며, 중세에 설립된 수많은 대학이 없었더라면 르네상스 시대의 학문이 쉽게 유통되기 어려웠을 것이며, 르네상스 시대의 인문주의자들도 독실한 크리스천이었다는 사실이 그런 주장의 핵심이다. 과연 중세와 르네상스 사이에는 넘지 못할 경계선이 그어져 있었던 것일까, 아니면 그 둘 사이를 연결하는 다리가 있었던 것일까? 그 논쟁에 대한 이해를 돕기 위해 다음의 두 그림을 살펴보도록 하자.

위의 두 그림은 같은 주제를 담고 있다. 프란체스코 성인이 덕이 높아 새들도 그의 설교를 들었다는 이야기이다. 왼쪽의 그림은 중세 말기에 보나벤투라 베를링기에리가 그린 것이고 오른쪽의 그림은 르네상스를 대표하는 화가 조토가 그린 것이다. 이 두 그림을 비교하면 중세와 르네상스의 관계를 이해하는 데 도움이 된다. 같은 주제를 다루고 있다는 점에서 중세와 르네상스 사이에 연결점이 있다는 것을 알 수 있다. 그렇지만 그리는 기법은 완전히 달라졌다. 중세에는 프란체스코 성인과 새만을 크게 그려 전달하려던 의미만을 강조했다. 그와 달리 르네상스 시대에는 나무와 사람과 새의 크기 비례를 눈에 보이는 대로 반영했다. 그 결과 조토의 그림에서는 인간과 자연이 더욱 사실적이다.

두 그림 사이의 차이가 중세와 르네상스의 차이라고 말할 수 있다. 중세에는 머릿속에 있는 믿음 자체를 중시했다. 신과 성인을 숭배하는 깊은 마음가짐만이 중요하기에 눈에 보이는 현실은 피상적인 것이었다. 그러나 르네상스 시대 사람들은 감각기관인 눈에 보이는 현상이 더욱 명료하게 진실을 밝혀 줄 수 있으리라 믿었다. 그런 이유에서 조토의 그림은 같은 성인의 덕성을 그리려 하고 있음에도 원근법과 같은 기법을 통해 훨씬 더 실감나게 대상을 묘사한다.

생각보다는 감각을 중요하게 여기는 이런 초기 형태의 경험론에 대해 레오나르도 다빈치는 대단히 흥미로운 논지를 제시한다. 영화로도 만들어진 이청준의 소설 「서편제」에는 딸의 소리 능력을 키우기 위해 눈을 멀게 만드는 아버지가 등장한다. 다빈치는 그와 비슷한 문제를 제기한다. 만일 어떤 사람이 신에 대한 지식에 침투하는 수단인 정신적 명상의 안정성과 섬세함을 시각이 저해한다고 생각하여 스스로 눈을 멀게 만들겠다고 결심했다면 어떻게 해야 할 것인가? 다빈치의 대답은 명쾌하다. 감각의 제왕인 눈은 오히려 혼돈과 기만을 제압하여 소란스러운 논란을 벗어나 참된 진리로 이르게 만든다는 것이다. 청각도 마찬가지로 화음을 추구하기 때문에 오히려 거슬리는 소리를 더 예민하게 느껴 현실 세계를 정확하게 파악하도록 도움을 준다는 것이다. 덧붙여 다빈치는 단지 이렇게 주문

할 뿐이다. 눈에 보이는 세계가 번잡해서 깊은 생각을 방해한다면, 그 번잡함이 사라질 때까지 눈을 감고 있으면 되지 않느냐고. 이렇듯 추상적인 생각보다는 우리가 보고 듣고 느끼는 것을, 즉 우리 몸의 여러 감각기관이 직접 경험하는 것을 더 소중하게 여기는 세계관이 널리 퍼져 있었기 때문에 르네상스 시대에는 많은 예술가들이 인체와 자연의 아름다움을 생생하게 그린 걸작을 남길 수 있었다.

그 영향은 예술에 국한된 것이 아니었다. 천동설은 고대의 프톨레마이오스가 확립시켜 중세 가톨릭교회의 지지를 받던 권위 있는 학설이었다. 코페르니쿠스가 그 체계를 무너뜨리고 과학혁명의 길을 열어 놓은 것은 오로지 천체와 관련하여 직접 관찰한 사실들을 정확하게 반영할 수 있는 설명을 찾으려는 노력에서 비롯된 것이었다. 코페르니쿠스의 『천체의 회전에 관하여』가 발간된 1543년에는 베살리우스의 저작 『인체 구조론』이 출판되기도 하였다. 그는 해부를 통해 인체라는 소우주의 구조를 직접 관찰함으로써 고대 의학의 권위자인 갈레노스의 오류를 바로잡을 수 있었다. 따라서 고대나 중세의 권위에 의존하지 않고 스스로 목격한 것을 바탕으로 세상을 묘사하고 설명하려던 경험론은 그 이론을 확립시킨 프랜시스 베이컨보다 먼저 르네상스 시대에 이미 실천되고 있었다.

그런 유럽 세계에 동방으로부터 수많은 학문과 지식이 유입되었다. 아리스토텔레스의 논리학, 유클리드의 기하학, 아라비아의 수학, 동로마제국에서 완성시킨 로마법 등등이 이슬람과 비잔틴 학자들을 통해 서유럽으로 전파된 것이다. 성서의 말씀을 유일하고 절대적인 진리의 근거로 생각하던 중세와 달리 이제 진리의 원천이 다변화되었다. 바꿔 말하면 상대주의의 가치관이 나타날 수 있는 토양이 조성되었던 것이다. 페트라르카는 말한다. "진리는 찾기 힘든 것이고, 그것을 추구하는 사람들 중에서 가장 비천하고 나약한 저는 종종 자신을 잃습니다. 제가 찾는 것이 진리가 아닐 것이기 때문에 저는 진리보다는 의심의 품에 안기려 합니다." 코페르니쿠스도 말한다. "천체의 운동에 대해 여러 가설이 제기되기 때문에 천문학자는 자신이 가장 파악하기 쉬운 가설을 선택할 것이다." 진리의 원천이 다양해서 오히려 의심을 해야 하고, 진리라고 내세우는 여러 주장 중에서 선택을 해야 하는 상대주의 세계에서 이제 중요하게 부각되는 것은 자신의 주장이 진리인 것처럼 남들을 설득시킬 수 있는 수사학적 기술이었다.

서양 사상의 역사에서 철학에 비해 수사학적 전통은 푸대접을 받아 왔다. 즉, 철학은 인간과 세계에 관한 본질적인 내용을 논하기에 우월한 반면, 수사학은 외양에만 관심을 두기 때문에 피상적인 학문이라는 것이다. 그렇다 할지라도 역사 속의 모든 시기가 위대한 철학의 시대는 아니었다. 수사학이 강력하게 부각된 적도 있는데, 르네상스가 바로 그런 시절이었다. 페트라르카, 살루타티, 브루노, 브라촐리니와 같은 르네상스 시대의 인문학자들이 수사학을 옹호하는 글을 남겼다. 그들의 주장에 따르면 수사학이 철학보다 우월하다. 참된 수사학이란 올바른 논리에 근거해야 하는 것이기 때문에 일단 철학은 밑바탕에 깔고 있어야 한다. 그러면서 말하고자 하는 바를 아름답게 표현하여 상대방을 납득시켜야 하는 것이니 수사학이 더 우월하다는 것이다.

그들의 주장에도 불구하고 여전히 수사학은 단지 미사여구로 남을 현혹시키는 재주일 뿐이라는 시각이 팽배해 있다. 어쨌든 궁극적으로 수사학은 스스로가 '어떻게 되어야 하는가'가 아니라 남에게 '어떻게 보여야 하는가'에 관심을 두는 분야이다. 르네상스 시대의 면모를 잘 보여 주는 또 다른 저서인 『궁정신하론』에서 저자인 발다사레 카스틸리오네는 귀족의 올바른 행동 지침을 묘사했고, 이후 그것은 이탈리아를 넘어 유럽의 궁정에서 지켜야 할 에티켓의 전범이 되었다. 카스틸리오네가 말하는 귀족은 교양과 학식을 겸비해야 한다. 그렇지만 무엇보다도 타인에게 어떻게 잘 보여야 하는가를 언제나 염두에 두고 행동해야 한다. 마키아벨리는 『군주론』의 서문에 다음과 같이 적었다. "저는 많은 저자들이 책을 쓰고 장식하면서 익숙하게 사용하는 화려한 문장이나 거창하고 멋진 단어나 다른 종류의 수사학적인 과잉의 치장으로 이 책을 꾸미거나 채우지 않았습니다." 그렇다면 르네상스를 대표하는 사상가인 마키아벨리가 수사학을 부정하는 발언을 한 것이 이상하지 않은가? 그러나 세심히 살피면 그가 수사학의 전통을 이어받고 있음을 확인할 수 있다. 마키아벨리는 군주가 '어떻게 되어야 하는가'가 아니라 '어떻게 보여야 하는가'에 대해 말하고 있기 때문이다.

카스틸리오네의 책은 일백 년이 넘도록 유럽 전역에서 널리 읽혔고, 그 가르침을 받아들인 귀족들은 학문과 예술의 열렬한 후원자가 되었다. 이것은 르네상스 시대의 또 다른 특징을 보여 준다. 즉, 학문과 예술이 국왕이나 귀족 또는 교회의 후원에 의해 이루어졌다는 것이다. 미지의 구매자를 위해 화랑이나 서점에 작품을 내놓는 자본주의 시장의 형성은 아직 먼 훗날의 이야기였다. 예술가나 학자는 자신을 경제적으로 지원해 주는 후견인의 영향력을 벗어나기 어려웠다. 지배자들은 자신의 정책을 홍보하는 작품을 주문했고, 자신의 세를 과시하기 위해서 학문과 예술을 후원하기도 했다. 따라서 르네상스 시대의 미술은 물론 학문도 권력으로부터 자유롭지 못했다. 화가는 재능을 팔고, 재력가는 재산을 과시하고, 권력자는 정책을 홍보했다. 과학도 마찬가지였다. 자신이 만든 망원경으로 목성을 관찰하고 그 주위에 네 개의 위성이 돌고 있는 것을 관찰한 갈릴레이는 거기에 '메디치의 별'이라는 이름을 붙여 후견 가문의 명예를 높이는 의무를 다했다.

권력과 재력이 큰 사람일수록 재능이 더 많고 명망이 더 높은 학자나 예술가를 후원하길 원했다. 이런 맥락에서 르네상스 시대는 천재를 원했고 실제로 많은 천재를 배출했다. 미란돌라 백작 조반니 피코는 스물셋의 나이로 철학과 신학과 과학에 관한 900개의 논제를 제시하고, 유럽의 어느 학자라도 로마로 와서 공개적으로 토론을 벌인다면 모든 비용을 대겠다고 언명할 정도로 탁월한 지적 능력을 소유했다. 레온 바티스타 알베르티는 저술가, 화가, 건축가, 시인, 성직자, 언어학자, 철학자, 암호 해독자 등등 다양한 재능을 가진 천재였다. 자신이 화가이기도 했던 조르조 바사리는 치마부에 부터 티치아노에 이르기까지 수많은 천재 화가와 조각가와 건축가에 대해 쓴 전기로 더 유명하다. '재탄생'을 뜻하는 이탈리아어 '리나시타'를 처음 사용한 것으로도 알려져 있는 이 책에서 바사리는 천재의 필요성에 대해 말하고 있다. 예술도 발전하다가 불가피하게 쇠퇴하는 시기가 오는데 천성적으로 탁월한 능력을 타고난 천재들은 과거에 도달했던 완벽한 경지의 예술을 되살려 쇠퇴를 막아 준다는 것이다.

지금까지 이탈리아 르네상스의 특징을 살펴보았다. 그 내용을 간추린다면 르네상스 시대 이탈리아에서는 인간의 감각을 중시하는 초기 형태의 경험론이 널리 퍼져 있었고, 상대주의적 세계관과 관련하여 수사학이 중요하게 여겨졌으며, 학문과 예술은 후견인들의 재정적 지원 아래 이루어졌고, 천재들의 역량이 크게 기대되었다. 그렇다면 마키아벨리의 『군주론』은 그러한 시대적 성격을 어느 정도 반영하고 있을까? 본문에서 밝힐 상세한 내용에 앞서 간략하게 언급하자면 아마도 거의 모든 면에서 『군주론』은 그 시대의 산물이라고 말할 수 있을 것이다. 마키아벨리가 『군주론』을 집필하면서 가장 중요하게 사용했던 자료는 다름 아닌 피렌체의 관료로서 개인적으로 겪었던 경험과 간접적 경험이라 할 수 있는 역사적 사례였다. 그는 수사학적 기교를 피한다고 밝혔음에도 불구하고 수사학의 전통을 따르고 있다. 본디 수사학의 한 가지였던 역사에서 사례를 인용하는 것이나, 군주가 어떻게 '보여야 하는가'에 초점을 맞춘 그의 서술 방식이 그렇다는 것이다. 그는 메디치 가문의 후원을 기대하며 로렌초 데메디치에게 그 책을 바쳤다. 그 책을 통해 마키아벨리가 군주라는 정치적 지도자에게 기대했던 것은 바사리가 예술적 천재에게 기대했던 것처럼 뛰어난 개인적 능력으로 국가의 쇠퇴를 막아 달라는 것이었다.

이러한 맥락에 대한 고려가 전제된다면 『군주론』과 관련된 오해가 일부나마 해소될 수 있으리라 본다. 그렇더라도 다음으로는 피렌체라는 도시의 상황을 살펴보아야 한다.

격동의
피렌체

피렌체는 아름다운 도시이다. 이 도시는 이탈리아의 중앙에서 약간 북서쪽에 위치한 토스카나 지역의 중심지이다. 도시의 북쪽에 있는 피에솔레 언덕에 오르면 그 조화로운 전경을 한껏 즐길 수 있다. 그곳에서는 도시의 젖줄인 아르노 강이 보인다. 강은 서쪽으로 흐르고, 강을 따라 아르노 계곡이 펼쳐지며 피사까지 이어져 지중해에 이른다. 강 위에는 다리가 여럿 놓여 있다. 통행만이 목적이 아니라 도시 경관에 도움이 될 정도로 보기에도 좋다. 강에서 도시의 중심부로 눈길을 돌리면 궁전, 대성당, 종탑, 박물관 같은 건물들이 기념비와 조각상으로 장식된 광장들과 조화를 이루고 있다. 베키오 궁이 있는 시뇨리아 광장은 정치 행사, 종교 행사, 축제 등이 열리던 공적인 장소일 뿐 아니라 시민들이 환담을 나누고 거래를 주고받던 사적인 공간이기도 했다. 이곳에는 미켈란젤로의 〈다비드

••••
오늘날의 피렌체 전경.

상〉이나 도나텔로의 〈유디트상〉이 장식하고 있다.

피렌체 시의 중심부에 있는 우피치 미술관에는 보티첼리, 다빈치, 미켈란젤로, 라파엘로 등등 이름만 들어도 미술 애호가들의 가슴을 뛰게 하는 아름다운 작품 전시실이 있어 그것을 보려는 관광객들의 미술 순례가 끊임없이 이어진다. 피렌체라는 이탈리아어 이름도 그렇지만 '플로렌스'라는 영어 이름도 '꽃이 만발한다'는 의미를 품으며 이 도시의 아름다움을 증언하고 있다. 백의의 천사 나이팅게일의 부모는 이 도시에서 낳은 딸에게 플로렌스라는 이름을 붙여 줬다. 그 도시의 아름다움을 기억하고 싶은 마음이 없었다면 결코 할 수 없는 일이었을 것이다. E. M. 포스터의 동명 소설을 영화로 만든 〈전망 좋은 방〉에 나오는 첫 장면의 배경이 바로 이 피렌체이다. 그렇기에 14세기의 인문주의자인 콜루초 살루타티나 19세기의 평론

가 존 러스킨처럼 다양한 배경과 취향을 가진 사람들이 이 도시에 대해 그 미적 향기를 찬양하는 글을 썼다.

피렌체는 풍요로운 도시이다. 이 도시를 처음 건설했을 때 붙인 라틴어 이름 '플로렌티아'는 '번영하다'라는 의미도 갖는다. 아르노 강은 때때로 범람하여 사상자를 많이 내기도 했지만 피렌체의 발전에 원동력이 되었다. 강을 끼지 않고 고지대에 있는 시에나, 페루자, 코르토나와 같은 토스카나 지역의 다른 도시는 식수 공급의 문제로 규모가 제한될 수밖에 없었다. 반면 피렌체는 아르노 강 덕분에 토스카나 지역에서 가장 크고 강력한 도시로 성장할 수 있었다. 강은 여행과 교역을 위한 중요한 통로였고, 풍부한 물고기를 식량으로 제공했으며, 방앗간의 제분기를 돌려 도시민들에게 빵을 공급해 주었다. 피렌체가 이탈리아 중부에서 가장 큰 의류 산업의 중심지가 될 수 있었던 이유도 염색에 필요한 수자원을 아르노 강에서 풍부하게 이용할 수 있었기 때문이다.

다시 피에솔레 언덕에 올라 보자. 시야를 넓혀 멀리 둘러보면 크고 작은 수많은 도로가 피렌체로 이어진다. 그 도로는 밀라노, 베네치아, 로마 등 다른 대도시와 피렌체를 연결해 주는 통상로였다. 그뿐 아니라 주변의 수천 시골 촌락과도 이어지면서 도시민들에게는 신선한 일용 양식을, 농민에게는 긴요한 현금 재산을 마련해 주는 핏줄이었다. 피렌체는 인근 농촌 지역에서 잉여 곡물과 올리브기름, 와인은 물론 인구까지 받아들이며 팽창했다. 이러한 자연조건에 더해 중세 십자군 전쟁 이후에는 무역이 원활해지면서 피렌체의 상인들은 영국과 플랑드르 지방에서 양모를 수입하여 모직물 공업을 발전시켰다. 이들이 만든 제품은 유럽 전역으로 수출되었고 그것을 뒷받침하기 위해 피렌체의 은행 지점이 유럽 전역에 설치되었다. 피렌체의 화폐 플로린은 유럽 어디에서도 통용되었고, 피렌체의 금융업자들은 교황과 황제마저 의존하는 돈줄이 되었다.

피렌체는 유서 깊은 도시이다. 이 도시는 기원전 59년 율리우스 카이사르가 군인들의 병영으로 쓰기 위해 플로렌티아라는 이름으로 건설하였다. 로마와 이탈리아 북부를 이어 주는 카시아 도로변과 비옥한 아르노 계곡에 위치하였기 때문에 이곳은 곧 상업의 중심지가 되었다. 혼란에 빠진 로마제국을 잠시나마 안정시켰던 디오클레티아누스 황제는 그러한 중요성을 인정하여 이미 3세기에 이곳을 토스카나 지역의 중심 도시로 만들었다.

경쟁 관계에 있던 서쪽의 항구도시 피사가 13세기 말부터 쇠퇴하면서 피렌체는 더 큰 번영의 기회를 잡았지만, 피렌체가 가장 큰 영광을 누리게 된 것은 메디치 가문이 막후에서 피렌체를 장악하던 시기였다. 교황의 금융 문제를 담당할 정도로 위세가 막강하였던 메디치 가문은 특히 로렌초 데메디치가 실권을 잡은 뒤부터 학문과 예술을 크게 후원하였다. 로렌초는 레오나르도 다빈치, 미켈란젤로, 보티첼리와 같은 화가들에게 작품을 위촉하기도 하였고, 알렉산데르 아그리콜라, 요하네스 기셀린, 하인리히 이삭과 같은 당대 최고의 작곡가와 가수 들을 외국으로부터 초빙하기도 했다. 우리가 이탈리아 르네상스를 생각할 때 연상되는 인물들 대다수가 피렌체나 그 인근 지역 출신이었고, 아니면 최소한 피렌체에서 작품 활동을 했다. 단테, 페트라르카, 살루타티, 레오나르도 브루니, 보카치오, 다빈치, 보티첼리, 미켈란젤로, 조토 등등 이 목록은 얼마든지 늘어날 수 있다. 예술가와 문필가 들은 피렌체를 사랑하였고, 그것은 피렌체라는 도시 자체를 찬양하는 글이나 피렌체의 역사를 집필하는 것으로 표현되었다. 레오나르도 브루니, 포조 브라촐리니, 프란체스코 귀차르디니 등등 수많은 유무명의 인물들이 피렌체의 역사를 썼다. 피렌체의 역사를 쓴 사람들의 명단에는 마키아벨리도 포함된다.

아름답고 풍요롭고 유서 깊은 피렌체. 그 도시를 꾸며 주는 세 가지 수식어는 서로 동떨어진 것이 아니었다. 아름다운 곳에 사람들이 모여 풍요를 낳았고, 풍요로운 곳에 문화가 발전하여 전통이 만들어졌다. 그렇게 만들어진 전통이 또다시 피렌체에 아름다움을 더했다. 그러나 그러한 세 가지 장점이 피렌체를 안정적인 도시 공동체로 만들기에 충분한 조건이 될 수 있었을까? 아니다. 오히려 그런 유리한 조건 때문에 피렌체는 일찍부터 여러 세력이 점령하려 하는 요충이 되었고, 내부에서도 지배권을 확보하기 위한 분쟁과 음모가 벌어지는 거점이 되었다.

중세 초기에 게르만족의 일파인 동고트족이 비잔틴제국에 침입했다. 비잔틴제국에서는 전쟁을 피하기 위한 타협책을 내세웠다. 당시 이탈리아 반도를 지배하고 있던 서고트족을 물리친다면 이탈리아의 지배권을 주겠다는 것이었다. 그렇지만 동고트족이 이탈리아 반도를 다스리게 된 이후에는 또다시 비잔틴제국과 갈등이 드러나기 시작했다. 그 결과 동고트 왕국과 비잔틴제국 사이에 전쟁이 벌어졌을 때 피렌체는 쟁탈의 요충이 되어 큰 피해를 입었다. 프랑크 왕국을 통일하여 대제국을 건설한 카롤링거 왕조의 샤를마뉴 대제도 이탈리아 원정에 나섰을 때 피렌체에 눈독을 들였다.

풍요로운 도시였기에 인구가 밀집했고, 바로 그 이유 때문에 1348년 유럽에 흑사병이 창궐했을 때에는 더 큰 피해를 입었다. 풍요롭더라도 그 부가 골고루 분배되지 않는다면 빈곤할 때보다 더 큰 사회적 갈등이 표출될 수 있다. 피렌체도 그런 갈등의 현장이 되었

마키아벨리를 위한 변명 군주론

다. 피렌체의 경제적 성장에 가장 큰 뒷받침이 되었던 모직물 산업에 종사하는 직공들이 처우에 불만을 품고 귀족에 대해 반란을 일으켰다. 이것이 1378년에 일어난 촘피 난이다.

촘피 난이 진압된 이후 피렌체는 50여 년 동안 알비치 가문의 지배를 받았다. 메디치 가문은 알비치 가문의 숙적으로서, 코시모 데 메디치의 시대에 마침내 알비치 가문을 물리치고 피렌체를 통치하기 시작했다. 당시 피렌체는 명목상 일종의 민주주의 형태를 취하고 있었지만 실제로는 메디치 가문이 정치를 장악하고 있었다. 주로 농업에 의존하던 중세와 달리 르네상스 시대의 이탈리아에서는 도시가 발전했다. 여러 도시는 서로를 경쟁 상대로 의식하며 교황청의 지배를 받지 않는 독립적인 국가로 행세했다.

르네상스 시대 이탈리아 도시 국가가 대개 무역에 의해 재산을 축적하였던 것과 마찬가지로 메디치 가문도 본디 무역업으로 출발하였다가 금융업으로 사업을 확대시켰다. 그들은 베네치아, 로마, 피사, 밀라노는 물론 멀리 브뤼주나 런던에도 지사를 두었다. 또한 메디치 가문은 피렌체 근처에 비단과 양모 공장을 갖고 있었다. 그들은 직물 염색에 필요한 명반의 광산이 로마 근처에서 발견되자 그것을 스스로 개발하기 위해 교황청과 계약을 맺기도 했다. 이렇듯 무역과 금융과 제조업이 복합된 거대한 사업을 통해 그들은 막대한 황금 재보를 쌓아 올려, 교황은 물론 유럽의 군주들까지도 그들에게 재정적인 도움을 얻어야 했다.

더구나 그들은 막강한 경제적 능력을 바탕으로 정치적, 사회적 지위를 획득하였고 그것을 과시하기 위해 거액의 돈을 들여 예술가들을 후원하고 그들로 하여금 도시를 아름답게 꾸미도록 조장하였다. 예술의 후원자로 알려진 로렌초 데메디치가 사망한 뒤 1492년에 아들 피에로 2세가 자리를 물려받았다. 프랑스 왕 샤를 8세가 북부 이탈리아를 침공하자 그는 프랑스 군대를 막기로 결정했다. 그러나 피사 항에 도달한 프랑스 군대의 규모를 보고 겁에 질린 피에로 2세는 프랑스 왕이 내건 조건을 굴욕적으로 받아들였다. 이것이 피렌체 사람들을 분노하게 만들어 그들은 피에로 2세를 추방시켰다. 1494년 그가 추방된 것과 함께 메디치 가문의 제1차 지배가 끝났고 피렌체에는 공화제가 복구되었다.

　당시에는 상업, 금융업, 제조업 등의 산업 이외에도 재산을 획득하는 다른 방식이 있었다. 그것은 전쟁이었다. 이탈리아 도시 국가마다 존재하던 은행가나 무역상 들은 자신들이 획득한 재산을 경쟁 도시 국가들로부터 안전하게 확보해야 했다. 그들은 그 목적을 위해 싸우고 지키려는 사람들에게 기꺼이 돈을 지불했다. 무역이나 금융업은 농업과 토지 중심적인 중세와는 가치관이 전혀 다른 세계를 열어 놓았다. 그러나 기사와 귀족 계급은 중세 봉건 사회의 유물로 남아 있었다. 그들은 원래 '싸우는 사람들'이었다. 영주를 위해 군대를 동원하여 보호해 주고 그 대가로 토지를 얻어 부의 원천으로 삼던 사람들이었다. 이제 그들은 새로운 사회에서 별다른 직업을 가질 수 없었기에 무역상이나 금융업자가 사고파는 대상이 되었다. 이른바 용병대가 생겨난 것인데 그들은 국적과 상관없이 자신들에게 보수를 지불하는 사람에게 충성을 바치며 잔인하게 싸웠다. 밀라노의 스포르차 가문처럼 그들 가운데 일부는 도시 국가 지배자의 위치로 올라서기도 했다.

용병들이 도시 국가들 사이에 경쟁을 대신하고 있고 외국의 세력도 호시탐탐 침입을 엿보던 이 시기는 혼란기였음이 확실하다. 교황도 군대를 거느렸고 프랑스, 에스파냐, 신성로마제국 등 외세의 힘에 이탈리아의 도시 국가들이 붕괴되었다. 연맹 관계는 항상 바뀌었고, 용병 대장은 예고 없이 충성 바칠 대상을 바꾸던 시기였다. 몇주 사이에 새로운 정부가 들어섰다가 몰락했다. 마키아벨리는 바로 이런 시기에 관직에 등용되며 영욕을 겪었다. 그는 피렌체의 관료로 충실하게 봉직하며 소용돌이에 휘말리기도 했다. 그런 한편 그는 인문학자의 사려 깊은 눈으로 사태를 냉정하게 관찰하며 이탈리아 전체의 위기를 극복할 전망을 찾으려 했다. 그 결과의 하나가 『군주론』이다. 따라서 『군주론』의 내용을 깊이 이해하기 위해서는 저자인 마키아벨리가 피렌체의 공직자로서 했던 활동과 인문학자로서의 그의 사상에 대한 고려가 필요하다.

인문학으로
무장한 관료

마키아벨리는 스물아홉 살에 불과하던 1498년 피렌체 정무위원회의 제2서기장직에 올랐다. 그가 비교적 젊은 나이에 중요한 직책을 맡을 수 있었던 이유가 있다. 피렌체에서는 훌륭한 인문학적 교육을 받은 사람들이야말로 공공선을 위해 봉사하는 자세를 갖기 때문에 그들을 요직에 앉혀야 한다는 태도가 널리 퍼져 있었다. 이미 15세기 초에 피렌체를 비롯하여 이탈리아의 여러 도시에서 교육자로 활동했던 파올로 베르제리오는 인문학적 교육의 이상에 대해 이렇게 설파했다. "인문학을 공부함으로써 우리는 미덕과 지혜를 획득하고 실천할 수 있다. 육체와 정신의 최고 재능을 단련하고 계발시켜 인간을 고귀하게 만들 수 있는 것이 인문학 교육이다. 범속한 자들은 이익과 쾌락을 위해 살지만, 고귀한 본성을 가진 자들은 도덕적 가치와 명예를 위해 산다." 따라서 그런 교

마키아벨리를 위한 변명 군주론

육을 받은 자들이 대중을 위해 봉사해야 하며, 그것을 위해 어렸을 적부터 교육이 이루어져야 한다는 것이었다.

마키아벨리의 아버지 베르나르도는 변호사로서 인문학에 심취해 있었으며 피렌체에서 명망 높은 인문학자 집단과도 밀접한 교류를 유지하고 있었다. 그는 아들의 교육에도 정성을 기울여 어렸을 적부터 비용에 구애되지 않고 인문학의 탁월한 기초 교육을 받게 했다. 또한 당대 최고의 인문학자에게 고전 수업을 받을 수 있도록 배려했다. 마키아벨리에 최고의 교육을 가르친 마르첼로 아드리아니는 대학 교수직에 있다가 피렌체의 제1서기장직을 맡았던 인물이다. 아버지의 인맥과 아드리아니의 추천에 힘입고 인문학을 우대하는 그 시대의 풍토에서 마키아벨리가 공직에 오르게 된 것은 우연이 아니었다.

1494년에 피렌체에서는 메디치 가문이 몰락하고 공화정이 복구되었다. 이후 이십대의 청년 마키아벨리는 도미니코 교단의 수도승이었던 지롤라모 사보나롤라가 대중의 폭발적인 인기를 얻다가 신임을 잃어 화형에 처해지는 과정을 지켜봤다. 사보나롤라는 만연해 있던 부패와 타락에 독설을 퍼부었다. 그는 메디치 가문이 축출된 것도 그들의 타락에 대해 신이 징벌했기 때문이라고 힐난했다. 그것으로 인기를 얻었고 민주적 원칙을 확립할 기회로 이용하려 했지만, 그는 교황 알렉산데르 6세를 비난했다는 이유로 파문에 처해졌다. 동시에 피렌체 시민들도 그의 과격한 가르침에 싫

사보나롤라 처형 장면.

증을 느끼기 시작하여 결국 그를 체포하고 1498년 5월 시뇨리아 광장에서 화형에 처했다. 마키아벨리가 본 것은 무상한 인심 즉, 결코 믿을 수 없는 사람들의 마음이었다. 이것은 젊은 마키아벨리의 마음에 강한 인상을 남기며 『군주론』의 집필에 중요한 요인으로 작용했다.

제2서기국은 피렌체 내부의 행정 관련 문서를 취급하는 부서였다. 그러나 마키아벨리는 그 업무 외에 외교 사절의 임무도 담당했다. 마키아벨리는 프랑스의 루이 12세, 아라곤의 페르디난도 2세,

로마의 교황청에 피렌체의 사절 자격으로 여러 번 파견되었다. 1502년과 1503년 사이에는 중부 이탈리아에서 세력을 크게 넓히던 체사레 보르자에게 파견되어 그를 옆에서 관찰할 기회를 얻었다.

그는 용맹, 신중, 자신감, 견고함, 냉혹함을 겸비한 장군이자 정치가로서 마키아벨리가 이상적인 군주의 전형으로 삼았던 인물이다. 피렌체에서 시민군을 담당하며 도시 방어의 임무를 맡기도 했던 마키아벨리는 1512년 공직에서 추방되었다. 그 발단은 에스파냐 군대가 이탈리아를 침공한 사건이었다. 이탈리아에 주둔해 있던 프랑스 군대를 몰아낸다는 명목으로 에스파냐 군이 이탈리아에 침입했다. 에스파냐 군이 피렌체에 도달했을 때 피렌체는 저항도 변변히 못하고 항복했다. 그 결과 피렌체의 공화정이 붕괴되었고, 교황 율리우스 2세의 도움을 얻어 메디치 가문이 다시 피렌체의 정권을 장악하게 되었다.

여기에서 눈여겨봐야 할 중요한 문제점은 사건의 세세한 전개 과정이 아니다. 마키아벨리가 관직에 봉직하였던 기간은 메디치 가문이 권좌에서 물러났을 때부터 복귀하기까지 중간의 시기였다. 즉 마키아벨리는 민주제가 시행되던 공화국에서 공복의 임무를 충실하게 수행했던 것이다. 메디치 가문의 지배가 복구된 뒤 감옥에 갇혀 고문까지 당했던 '공화주의자' 마키아벨리가 어찌하여 메디치 가문의 '군주'에게 바치는 통치의 교본을 저술하였을까? 더구나 『군주론』과 같은 소책자가 아닌 본격적인 저술 『로마사 논고』에서 마키아벨리는 일관적으로 공화주의를 옹호하고 있다. 그렇기에 『군주론』이 마키아벨리의 본심을 드러낸 것인지 아닌지 논란이 분분하다. 과연 마키아벨리는 공화주의자였을까, 군주주의자였을까? 마키아벨리는 관직에 오르고 싶은 욕망이 그리도 컸기에 자신의 본심을 숨기고 『군주론』을 썼을까? 그와는 다른 더 본질적인 문제가 있지 않았을까? 실상 이것은 아직도 마키아벨리를 연구하는 학자들 사이에서 논란이 되고 있는 쟁점 가운데 하나이다.

대다수 학자들은 마키아벨리 개인의 특정 목적에 따라 저술된 『군주론』보다는 『로마사 논고』가 그의 본심을 더 잘 드러내고 있다고 주장한다. 즉, 마키아벨리가 공화주의자라는 데에 이견을 제기하지 않는 것이다. 그럼에도 불구하고 절대 군주의 지배를 옹호하는 『군주론』이 마키아벨리의 사상 전체에서 차지하는 위치를 놓고 벌어지는 논란은 그치지 않는다. 이 문제에 대한 학자들의 여러 견해는 이렇게 나뉜다.

첫째, 『군주론』은 마키아벨리의 정치사상에서 일종의 일탈이다.

둘째, 『군주론』은 일견 군주에 대한 조언서로 보이지만, 실상은 군주가 통치에 사용하는 온갖 종류의 무자비한 행태의 위선과 기만의 술책을 폭로해 공화주의적 자유의 관념을 옹호하고 있다.

셋째, 『군주론』에서 옹호하는 군주정은 공화정으로 이행하기 위한 준비 단계이다.

넷째, 군주를 기만하기 위해 『군주론』을 썼다는 것이다. 즉, 군주 로렌초의 몰락을 재촉하고 피렌체 공화정의 부활을 꾀하기 위해 기만적인 조언을 제공했다는 것이다.

이에 더해 근대 정치사상사의 석학인 퀜틴 스키너는 『마키아벨리의 네 얼굴』이라는 최근의 저작에서 한 인간의 내면에 여러 얼굴이 존재할 수 있다는 근거에서 '외교관', '군주의 조언자', '자유의 이론가', '피렌체의 역사가'로서 마키아벨리의 여러 모습을 각기 분리하여 이해해야 한다는 주장을 펼치고 있다.

이러한 여러 주장들은 일말의 진실을 담고 있다. 그런데 그 주장들마다 정도의 차이는 있을지언정 『군주론』과 『로마사 논고』에서 각기 보이는 군주주의자와 공화주의자의 면모는 결코 메울 수 없는 간격을 두고 떨어져 있는 섬처럼 보이게 만든다. 그러나 과연 그럴까? 서로 도달할 수 없는 앞면과 뒷면이 합쳐져야 하나의 동전이 완성되듯, 그 둘이 마키아벨리의 전체적인 사상 속에서 조화를 이루는 방식은 없을까? 앞면과 뒷면을 구분할 수 없는 뫼비우스의 띠처럼 그 둘이 연결될 수 있는 방식은 없을까? 어쩌면 우리는 오늘날 우리가 세상을 보는 방식으로 마키아벨리를 보려고 함으로써 그를 오해하고 있는 것은 아닐까?

이 책은 그러한 의문점들에 대한 나름의 답을 찾으려는 시도이다. 그렇지만 일단 그 문제에 대한 답변은 잠시 유보하자. 그 대신 마키아벨리가 공직에서 물러나 산카시아노에 있는 별장에 은거하면서 절친한 친구에게 보냈던 편지를 읽어 보도록 하자. 왜냐하면 그 편지는 『군주론』이 마키아벨리의 그 당시 순간적인 필요성에 의해 씌어진 것이 아니라, 더 본질적인 내적 당위성에 의해 작성되었음을 암시하는 구절로 채워져 있기 때문이다.

함께 외교 사절로 일했던 프란체스코 베토리에게 보낸 편지에서 그는 강요되어 궁핍한 농부처럼 살아가고 있는 자신의 삶에 대해 담담하게 이야기한다. 그는 농가에서 살며 아침마다 나무꾼, 수레꾼, 상인 들에게 속지 않으려 애쓴다. 저녁에는 술집에 가서 길을 마주 보는 자리에 앉아 지나가는 사람들과 잡다한 대화를 나누며 그들의 생각을 들여다본다. 그리하여 저녁이 오면 집에서 가족과 소박한 식사를 한 뒤 다시 술집으로 나온다. 술집 주인, 고깃간 주인, 방앗간 주인, 벽돌공 등과 쓸모없는 농담을 나누거나 장기를 두기도 하고 때로는 논쟁을 넘어 욕설을 주고받기도 한다. 그렇게 자신에게 주어진 가혹한 운명에 굴복하여 오히려 굴욕의 시간을 잊으려 한다. 그러나 밤이 오면 그는 집으로 돌아간다. 편지는 다음과 같이 이어진다.

밤이 오면 저는 집으로 가서 서재에 들어섭니다. 저는 문간에서 먼지와 때에 찌든 일상복을 벗어던지고 법정과 궁정의 법의로 갈아입습니다. 그렇게 엄숙한 옷을 입고 저는 고대인들의 궁정으로 들어서는데, 고대인들은 저를 반겨 줍니다. 저는 저만을 위한 음식을 맛봅니다. 저는 그 음식을 위해 태어났습니다. 거기에서 저는 감연히 그들 행동의 동기가 무엇이었냐고 묻고, 그들은 예의를 지키며 기꺼이 대답해 줍니다. 저는 네 시간 동안 세상을 잊고 아무런 분노도 기억하지 않습니다. 가난도 더 이상 두려워하지 않으며 죽음에도 더 이상 떨지 않습니다. 저는 그들과 완전히 하나가 됩니다. 일찍이 단테가 말했던 것처럼 들은 것을 기록해 두지 않는다면 결코 지식을 얻을 수는 없는 일이기에, 저는 그들과의 대화에서 얻은 보물을 적어 두었고, 그것으로 『군주론』이라는 작은 책을 만들었습니다.

현실 세계의 질곡과 무관하게 마키아벨리는 최소한 정신의 세계에서 고대의 성현들과 자신을 나란히 두기를 원했다. 그에게 고대의 성현들은 특히 로마의 위인들이었다. 『로마사 논고』에서는 로마 건국부터 공화정의 역사를 서술했던 티투스 리비우스에 초점을 맞췄듯 마키아벨리에게 로마의 역사는 자신에게 친숙한 영감의 원천이었고, 현실의 난관을 타개할 묘책을 찾을 수 있는 보고였다.

여기에서 특히 주목하고자 하는 고대의 성현은 폴리비오스이다.

로마는 강국으로 등장하면서 카르타고를 무력화시킨 뒤 동쪽으로 눈을 돌려 마케도니아의 지배 아래 있던 그리스 세계를 점령했다. 이때 그리스에서 1,000명의 유명 인사를 인질로 잡아갔는데 역사가 폴리비오스도 그중 한 명이었다. 그는 역사 서술의 전통을 로마에 소개해 준 인물로도 알려져 있다. 그는 스키피오의 스승이자 친구가 됨으로써 인질로서는 비교적 자유롭게 여행하며 로마의 전쟁을 관찰할 수 있었다. 따라서 그가 기록한 역사는 로마의 급성장에 대한 외부인의 객관적인 보고서와 같았다. 그는 로마의 팽창 과정을 단순하게 기록하지 않았다. 그 원인을 천착하려 했다. 그는 문화적으로 우월했던 그리스 출신으로서, 미개국이라 여겼던 로마가 강대국으로 올라선 일을 경이롭게 느끼면서 그 이유를 찾고 싶었기 때문이다.

로마가 강성해진 원인으로 그가 찾은 것은 '혼합 정체론'이었다. 그것은 본디 '정체 순환론'에 기반을 두고 있다. 플라톤과 아리스토텔레스를 위시하여 그리스에서부터 고대인들은 정치 체제가 순환한다고 믿었다. 원시 상태에서는 나약한 개인들이 단결하여 힘을 얻는데 강한 자들이 주도한다. 그 결과 군주제가 등장하는데 왕은 사리에 맞게 다스리며 사람들을 보호한다. 그러나 세대가 지나면서 후손은 스스로를 '우월한 존재'로 여기며 폭력과 사치와 방탕에 탐닉하는 폭군이 되어 타락한다. 귀족들이 이에 반발하여 폭군을 몰아내며 귀족제가 성립된다. 그들은 공동의 이익을 행동 지침으로 삼아 민중을 보호한다. 반면 그들의 후손은 권력을 자신들의 권리라 생각하며 탐욕에 빠져 과두제로 바뀐다. 이에 핍박을 당하던 민중이 반발하여 민주주의가 이루어진다. 민중도 처음에는 공익을 생각하며 다스리나 과두제에 의해 피해를 봤던 경험이 없는 후손에 이르면 자유와 평등의 가치를 망각하며 선동에 쉽게 흔들려 중우정치로 바뀐다.

그런데 로마에서는 집정관이 군주제를, 원로원이 귀족제를, 민회가 민주주의를 대변하는 혼합 정치 체제가 갖추어져 있었다. 순환이란 흥할 때가 있으면 망할 때도 있다는 것을 전제로 한다. 폴리비오스는 로마가 혼합 정체를 유지하면서 정치 체제의 순환에서 벗어나 있어 번영을 누릴 수 있었다고 판단했다. 그가 보기에 로마에 존재하는 "상호 견제를 위한 권력의 분산은 어떠한 위기에도 충실히 대처하게 만든다."는 것이었다.

폴리비오스의 주장은 르네상스 시대에는 물론 그 이후 권력 분산의 이론을 내세운 로크와 몽테스키외 같은 계몽사상가들에게도 큰 영향을 미쳤다. 이러한 혼합 정체론의 장점에 대한 생각은 마키아벨리를 빗겨 지나가지 않았다. 그도 폴리비오스처럼 로마가 "혼합 정부"를 잘 발전시켜 마침내 "완벽한 공화국"을 건설했다고 『로마사 논고』에서 주장한다. 그렇다고 한다면 일견 상충하는 것처럼 보이는 『군주론』과 『로마사 논고』의 주장은 별 무리 없이 일관적인 해석의 틀 속으로 흡수될 수 있을 것처럼 보인다. 왜냐하면 오늘의 방식으로 말한다면, 그 두 저서는 각기 행정부의 수반과 입법부에서 해야 할 다른 종류의 일들에 대해 말하고 있는 것으로 보이기 때문이다.

이제 이러한 예비적 고찰을 염두에 두고 『군주론』 본문을 읽을 차례이다.

마키아벨리의
진실

　　마키아벨리의 청년 시절에 이탈리아는 여러 도시 국가로 나뉘어 내란과 전쟁으로 찢겨져 있었다. 특히 밀라노, 베네치아, 나폴리, 피렌체, 제노바와 교황령이 강한 세력을 구축하여 영토를 넓히고 국력을 강화하기 위해 서로 다투고 있었다. 그뿐 아니라 그들은 빈번히 국경을 침범하는 프랑스와 에스파냐에도 경계를 늦출 수 없었다.

　　마키아벨리는 1498년 사보나롤라가 시뇨리아 광장에서 화형에 처해진 지 한 달 만에 피렌체에서 중요한 공직을 맡게 되었다. 그는 피렌체 공화정의 정부에서 중책을 맡아 온 성의를 다해 봉직하다가 1512년 공화정의 수장 피에로 소데리니가 에스파냐 군대에 의해 추방당하고 메디치 가문이 다시 권좌에 오름으로써 공화정이 몰락하자 그 자리를 떠나게 되었다. 그 자리에 있는 동안 마키아벨리는 외교 사절로 여러 나라를 여행하며 중요한 인물들을 많이 만났다. 또한 그는 '10인 전쟁 위원회'에도 소속되어서 군사적인 문제에 대해 많이 연구할 기회를 가졌다. 그런 경험이 『군주론』 집필에 큰 도움이 되었다는 것은 부정할 수 없다. 마키아벨리가 공직에 있었던 기간은 피렌체에 공화정이 시행되었던 기간과 거의 일치한다.

그런데 『군주론』은 1513년 여름에 급히 쓴 책이다. 당시 마키아벨리는 『로마사 논고』의 집필을 이미 시작한 상태였다. 거의 6년에 걸쳐 완성한 『로마사 논고』를 쓰던 도중 약 두 달에 걸쳐 부랴부랴 쓴 것이다. 공화정을 위해 온몸을 바쳐 봉직했던 인물이 『로마사 논고』에서 공화제를 열렬히 옹호했던 것과는 달리 『군주론』에서는 군주가 다스려야 할 방식에 대해 논하고 있다. 따라서 이 책은 마키아벨리가 본심을 감춘 채 당시 권력을 장악한 로렌초 데메디치(메디치 가문의 영광을 이끌었던 로렌초 일 마니피코의 손자)의 환심을 사서 관직에 복귀하려는 목적으로 군주의 입맛에 맞게 쓴 것이라 추측하는 사람들이 많다. 거기에도 일말의 진실은 있다.

그러나 그러한 추측에 근거하는 해석은 궁극적으로 『군주론』이 오랜 세월에 걸쳐 사람들의 관심을 받으며 정치사상사의 고전이 되었다는 사실을 뒷받침해 주지 못한다. 진실에 기반을 두지 않은 책이 통치의 지침서로 통용되고, 진지한 연구의 대상이 될 수 있으리라고 상정하기는 어렵다. 더구나 왕의 총애를 받고 신임을 얻어 직책을 얻으려는 사람이 왕에게 냉혹해져야 하고 술수를 부려야 한다는 조언을 할 수 있으리라는 것도 르네상스 시대의 관례에서 받아들일 수 없기는 마찬가지이다. 『군주론』이 피렌체와 이탈리아를 사랑했고 그를 위해 헌신했던 한 인간의 진정을 담고 있다는 것을 전제하지 않는 한 이 책에 대한 설명은 무의미하다.

마키아벨리는 책의 서두에 부친 로렌초 데메디치에게 바치는 헌사에서 이렇게 말한다. "저는 많은 저자들이 책을 쓰고 장식하면서 익숙하게 사용하는 화려한 문장이나 거창하고 멋진 단어나 다른 종류의 수사학적인 과잉의 치장으로 이 책을 꾸미거나 채우지 않았습니다. 왜냐하면 비범성과 그 내용의 중요성만으로 이 책이 다른 책과 구분되어야 한다는 것이 저의 바람이기 때문입니다." 이 인용문은 액면 그대로 마키아벨리의 진실한 마음을 담고 있음이 확실하다. (그럼에도 불구하고 마키아벨리가 르네상스 시대의 수사학적 전통 속에서 활동했다는 사실은 이 논지와는 무관하다.) 그렇지만 이러한 마키아벨리의 진심이 『로마사 논고』에서 보이는 공화주의에 대한 충정과 모순을 보이지 않는다는 사실을 논증해야 하는 문제는 남는다.

사소하지만 첫 번째로 지적하고 싶은 사실은 『군주론』에서 헌사를 제외하고는 로렌초 데메디치에 대한 언급이 보이지 않는다는 것이다. 마지막에 이탈리아의 해방에 메디치 가문이 담당해야 할 중요한 역할을 강조하며 가문에 대한 칭송이 있긴 하지만, 로렌초 개인에 대한 언급은 전혀 나타나지 않는다. 중간의 내용에는 마키아벨리가 개인의 영달을 위해 군주에게 아첨하는 면모는 조금도 보이지 않는 것이다.

둘째로 『군주론』과 『로마사 논고』는 글의 형식부터가 다르다. 『로마사 논고』가 본격적인 학술서의 성격을 갖는 논문이라면, 『군주론』은 지침을 전하는 실용서에 불과하다. 따라서 그 두 저작은 목적부터가 다르며, 각기 그 목적에 합당한 방식으로 저술되었다. 『로마사 논고』에서 마키아벨리는 학자로서 자신이 이상적으로 생각하는 정치 체제에 대해 일관적으로 논해 왔다. 그것은 공화제가 최선의 정부 형태이며, 인간 사회의 궁극적인 목적은 '공공선'이라는 것이다. 그것은 마키아벨리 자신이 스스로의 삶으로 증명한 것이기도 하다.

그런데 『군주론』을 집필한 1513년 무렵의 상황은 급박했다. 1512년에는 이탈리아 땅에서 에스파냐와 프랑스가 주도권을 놓고 전쟁을 벌였다. 피렌체는 승리한 에스파냐에게 무력하게 굴복했다. 『로마사 논고』에서 논하는 이론이나 이상은 제쳐 두고 현실을 직시해야 할 국면이었다. 마키아벨리는 총 26장으로 이루어진 『군주론』의 제15장에서 그 점을 명백히 밝히고 있다. "그러나 저의 의도는 무엇인가 유용한 것을 쓰는 것이기 때문에 상상 속의 진리보다는 현실적인 진리를 추구하는 것이 더 적절하다고 생각합니다." 『로마사 논고』에서 옹호하는 공화제가 사람들이 어떻게 살아야 하는지에 대한 이상적인 당위성을 논하고 있다면 『군주론』은 군주의 현실적인 통치 방식을 제시하고 있다. 더구나 로렌초 데메디치가 군주로 등극

하는 상황은 실제로 진행되고 있었다. 그러한 맥락에서 강력한 군주가 혼란을 종식시키고 외국의 지배로부터 자유로운 통일된 이탈리아를 건설해야 한다는 것은 미래에 실현시켜야 할 이상이 아니라 현재의 필요성이었다. 『군주론』은 그 현실에 대한 대안을 제시한 행동 강령과 비슷한 것이었다. 형식과 목적이 이렇듯 다르다는 사실을 받아들인다면 더 이상 그 두 저서 사이에서 보이는 지향점의 차이는 모순으로 비쳐지지 않을 것이다.

셋째로, 『군주론』에서 보이는 마키아벨리의 기본적인 서술 주조는 그의 다른 저서에서 드러나는 본질적인 정신과 다르지 않다. 마키아벨리는 정치적, 역사적 저서만 쓴 게 아니라 희곡과 단편소설 등 문학 작품에도 뛰어난 재질을 보였다. 특히 그의 희곡 『만드라골라』는 당대 최고의 연극 대본으로 간주될 정도였다. 『만드라골라』를 위시한 그의 희곡 작품에서 마키아벨리는 탁월한 언어구사 능력을 보인다. 그것을 통해 그가 표현하고자 하였던 것은 인간이 행동하도록 만드는 본능의 작용이었다. 그것은 어느 정도 『군주론』에도 적용된다. 그렇다고 해서 그의 희곡은 물론 미완성의 시 『황금 당나귀』나 단편소설 『벨파고르』는 『군주론』이나 『로마사 논고』를 이해하기 위한 보조 자료 정도에 그치지 않는다. 그 저작들은 문학 작품으로 당당히 평가받을 자격을 갖고 있다. 그럼에도 불구하고 그의 문학 작품들과 『군주론』이나 『로마사 논고』 사이에서는 공통적인 전망을 발견할 수 있다. 그것은 그의 관심의 초점이 언제나 '인간'이라는 사실이다. 그는 인간이 신과 갖는 관계가 아니라, 현세적인 주변 환경과 갖는 관계 속에서 인간의 행위를 전면으로 부각시켜 묘사한다. 마키아벨리는 신의 존재를 부인하지 않았지만, 그 신은 중세에 누렸던 중심적인 위치를 잃어버렸다. 종교적 신비주의는 사실주의에게, 신은 인간에게, 중세는 르네상스 시대에게 중앙 무대를 내주었던 것이다. 문학 작품에서 그러했듯, 마키아벨리는 『군주론』에서도 '그리 되어야 하는 사실'보다는 '있는 그대로의 사실'에, '현실적인 진리'에 초점을 맞췄던 것이다.

『군주론』이 마키아벨리의 진심을 담고 있다는 마지막 증거는 그의 편지에서 찾을 수 있다. 여기에서는 『군주론』의 이해를 돕기 위해 때에 따라 그의 편지가 소개되겠지만, 거기에서는 그의 개인적인 문제뿐만 아니라 당대의 정치적 정황에 대한 깊은 관심도 드러난다. 그의 편지에는 훗날 『군주론』에서 구체적으로 발전시킬 생각의 편린이 이곳저곳에서 펼쳐진다. 그 사실이 『군주론』의 작가가 피렌체와 이탈리아의 정직하고 충직한 공복으로서 성실하게 복무했으며, 『군주론』도 그의 본심을 담고 있다는 또 다른 방증이다. 그는 인간의 능력(비르투)을 존중했으며, 운명(포르투나) 앞에서는 겸손했다. 마키아벨리는 1527년 피렌체에 공화제 정부가 다시 들어서는 것을 목격했다. 그는 그해 6월 22일에 사망했다.

『만드라골라』

이 희곡을 집필한 정확한 연도는 확실하지 않지만 대체적으로 그가 공직에서 물러나 있었던 1518년에 소일거리로 작성하였으리라고 추정한다. 이 작품이 책으로 출판된 것은 1524년이나, 초연에 대한 정보는 1520년부터 1526년에 이르기까지 엇갈린다. 그렇지만 피렌체와 베네치아 등지에서 무대에 오른 공연마다 호평을 받았다는 기록만은 일치한다.

24시간 안에 벌어지는 일들을 다룬 이 연극의 주인공은 칼리마코이다. 그는 나이 많고 멍청한 니차의 젊고 아름다운 아내 루크레치아를 흠모한다. 그 부부 사이에는 아들이 없으며, 니차는 상속자를 원한다. 칼리마코는 식객이자 음모가인 리구리오와 계책을 꾸민다. 루크레치아에게 만드라골라 약초를 먹이면 임신할 것이라고 꾄다. 그 이후 최초로 잠자리를 갖는 사람은 약초의 효능 때문에 죽게 된다는 경고를 덧붙인다. 결국 계책이 성공을 거둬 칼리마코는 루크레치아와 정을 나눈다. 루크레치아는 교활한 칼리마코와 어리석은 남편 탓에 일어난 일을 운명으로 받아들이고 칼리마코를 애인으로 인정한다.

●●●
희곡 『만드라골라』의 표지.

2
군주국의 분류와
그에 따른 부국 강병책

세습 군주국과
신생 군주국

　　세상에는 많은 종류의 국가가 있고 그 국가들마다 통치의 형태나 방식도 다양하다. 따라서 그 국가의 운영에 관련된 조언도 달라질 수밖에 없다. 그런 이유에서 마키아벨리는 국가의 유형을 분류하는 것으로 『군주론』을 시작한다. 그리고 이 책은 군주에 대한 조언이기 때문에 공화국에 대한 논의는 제외시킨다. 게다가 그것은 이미 이전에 집필한 『로마사 논고』의 제1권에서 다룬 내용이기도 하다.

　마키아벨리는 군주국을 세습 군주국과 신생 군주국으로 분류한다. 그것은 그의 현실적인 감각을 보여 준다. 통치 기구나 제도의 유사성에 의해 분류하는 것이 아니라 얼마나 오랫동안 대를 이어 안정적으로 국가를 유지해 왔는지가 기준인 것이다. 그것은 이론에 바탕을 둔 학문적 분류가 아니라 한 국가의 실제적인 안정성을 최우선으로 간주한 선택이다. 『군주론』이 군주에게 국가를 안정적으로 다스리는 방편을 제시하는 지침서라는 사실은 이것을 통해서도 미루어 짐작할 수 있다.

같은 이유에서 마키아벨리는 이미 여러 대에 걸쳐 통치의 질서가 확립되어 군주가 평범한 능력만 갖고 있어도 안전하게 유지되는 세습 군주국에 대한 설명을 서둘러 지나간다. 그의 주 관심사는 많은 어려움에 마주치는 신생 복합형 군주국의 군주가 곤경을 넘어설 방도를 제시하는 것이다. 신생 군주국은 완전히 새롭게 만들어진 국가이거나 세습 군주국에 새로 병합된 국가를 말한다. 그런데 새로 만들어진 국가는 희귀한 반면 기존의 세습 군주국에 병합된 복합형 군주국의 경우가 대부분이기 때문에 마키아벨리도 거기에 초점을 맞춰 부국 강병책을 조언한다.

신생 복합형 군주국들에 대한 소분류

신생 복합형 군주국에서 통치가 어려운 이유는 통치자가 아직 다스린 경험도 일천하고 군사력도 정비되지 않아 국력이 강하지 않기 때문이다. 불평을 갖고 있는 사람들은 군주를 쉽게 물리칠 수 있다고 생각하여 반란을 획책하고, 군주는 그에 대해 혹독한 정책으로 대응하기 때문에 악순환이 반복된다. 여기에서 마키아벨리는 또다시 현실적인 차원에서 복합형 군주국을 둘로 나눈다. 정복자가 병합한 영토가 같은 언어를 사용할 경우에는 비교적 통치가 쉽다. 지금까지 다스려 왔던 군주의 가문을 제거하는 것으로 충분하다. 거기에 더해 법률을 바꾸거나 과중한 부담을 새로 지우지 않으면 된다. 바꾸어 말해 군주가 바뀌었어도 언어와 풍습이 같다면 기존의 체제를 유지하는 것만으로도 어려움 없이 다스릴 수 있다는 것이다.

언어와 관습이 다른 곳을 병합했을 경우에는 상대적으로 통치가 어렵다. 그곳은 직접 이주하여 다스리는 것이 가장 효과적이다. 그래야만 비상사태가 발생하거나 했을 때 즉각적으로 대처할 수 있기 때문이다. 또한 지배자가 그 지역에 있을 경우 어떤 사람은 충성심을 갖게 되고 어떤 사람은 두려움을 갖게 되는데 그 모두가 다스리는 데 도움이 된다. 또 다른 방식은 식민지를 건설하는 것이다. 자국의 국민들을 병합한 지역으로 이주시킬 경우 비용이 많이 들지도 않고, 그 지역 주민의 피해도 최소한으로 줄일 수 있으며, 피해를 본 주민들도 뿔뿔이 흩어져 위협이 될 수 없다. 식민지를 건설한 상태에서는 군대를 파견할 경우 그 비용도 지역에서 충당할 수 있기 때문에 도움이 된다.

그 다음으로 마키아벨리는 낯선 지역을 점령한 군주에게 인접 지역과의 관계에 대한 조언을 전한다. 인접 지역에서 강력한 힘을 지닌 자는 반드시 제거해야 하며 그를 위해서는 군소 세력과 손을 잡고 그 지역 불평분자의 도움을 얻어야 한다는 것이다. 그렇다고 해서 그들의 군사력을 지나치게 사용하는 것은 또다시 그들의 영향력을 강력하게 만드는 일이 되기 때문에 그들의 도움을 얻되 자신의 군사력을 사용하라고 제안한다.

또한 군주는 어떤 문제를 발견했을 때 그것을 초기에 해결해야 한다. 질병도 초기에는 원인을 알기는 어려워도 치료는 쉽다. 그렇지만 시간이 흐를수록 원인은 알기 쉬우나 치료는 어려워진다. 그와 마찬가지로 정치의 문제에서도 초기에 통찰력을 갖고 문제점을 진단한 뒤 재빨리 문제를 해결해야 한다. 그런 방식으로 해결할 수 있는 문제를 방치하면 그것은 전쟁이라는 상황으로 커져 버릴 위험성이 크다.

마키아벨리의
역사적 방법

　　마키아벨리는 이렇게 전반적인 조언을 하는 틈틈이 역사적 사례를 이끌어 내 자신의 주장에 실체적인 내용을 덧붙인다. 프랑스가 부르고뉴, 브르타뉴, 노르망디 등지를 쉽게 지배할 수 있었던 이유는 풍습이 비슷했기 때문이다. 투르크가 그리스를 확고하게 지배할 수 있었던 이유는 직접 지배자가 이주하여 지배했기 때문이다. 약소국과 손을 잡고 점령 지역의 강한 세력을 제거하거나 문제점을 초기에 진단하여 전쟁과 같은 더 큰 문제를 미연에 방지하는 방식에 대해서도 마키아벨리는 로마가 그리스 지역을 지배하게 된 방식을 사례로 들어 설명한다.

　마키아벨리는 성공한 사례로만 설명하지 않는다. 그는 자신의 조언과 반대로 행동했던 사람을 반면교사로 삼아 실패의 사례를 적시하며 경종을 울린다. 그 대표적인 예가 밀라노를 두 번이나 점령했으면서도 다시 잃은 프랑스의 국왕 루이 12세이다. 마키아벨리가 보기에 루이 12세는 점령한 영토를 지키기 위해 해야 할 행동과는 정반대로 행동했다. 그는 강력한 인접 지역의 지배자를 견제하고 약소국과 동맹을 맺어야 하나 오히려 베네치아나 교황령과 같이 강력한 세력과 결탁하면서 오히려 그들의 힘을 키워 주는 과오를 저질렀다. 그는 에스파냐 같은 외부의 세력을 끌어들이기도 했고, 이탈리아에서 직접 통치하지도 않았으며, 식민지를 건설하지도 않았다. 교황령과 에스파냐가 이미 이탈리아에 진입한 이후에는 그들을 견제하기 위해 베네치아를 방치했어야 했으나, 오히려 베네치아를 진압했다. 결국 프랑스의 국왕 루이 12세는 이탈리아의 거점 롬바르디아를 잃게 되었고, 그것은 자연스러운 결과라는 것이 마키아벨리의 판단이다.

이렇듯 역사적 사례를 들어 자신의 주장을 강화시키려 하는 시도는 르네상스 시대의 사람들이 역사의 기능과 목적에 대해 갖고 있던 전반적인 생각을 반영한다. 마키아벨리는 말년에 피렌체의 역사를 서술하라는 임무를 부여받고 거의 5년에 걸쳐 그 과업을 수행하여 1525년에 『피렌체의 역사』를 완성하였다. 그 저작 때문에 마키아벨리는 르네상스 시대를 대표하는 역사가로도 알려져 있다. 그렇지만 『군주론』에서 나타나고 있는 그의 서술 방식은 이미 르네상스 시대 역사가들을 포함한 인문주의자들의 특징을 그대로 보여 주고 있다.

티투스 리바우스는 로마의 건국 초기부터 자신이 살던 시대까지 로마의 역사를 쓴 역사가이다. 옥타비아누스는 로마의 공화정을 끝내고 황제가 되면서 '존엄한 인간'이라는 뜻의 아우구스투스 칭호를 얻었다. 실질적으로 로마의 제정이 시작되었지만, 공화정의 존속을 바라는 사람들의 열망도 여전히 컸기에 그는 공화정의 제도를 많이 수용했다. 리바우스는 『로마사』를 쓰면서 공화정에 대한 열정을 숨기지 않았다. 마키아벨리의 『로마사 논고』는 바로 리바우스의 이 저작에 대한 평론집이라고 말할 수 있다. 그래서 『리바우스 논고』라는 이름으로 불리기도 한다. 이 저작을 통해 마키아벨리의 공화주의에 대한 신념을 확인할 수 있다.

르네상스 시대를 대표하는 학자들은 리비우스, 폴리비오스, 키케로 등 고대의 역사가들에 대한 관심을 부활시키면서 사물을 바라보는 역사적 방식을 발전시켰다. 중세의 스콜라 철학자들은 추상적이고 논리적인 철학적 명제에 매달렸다. 그런 논리적 명제를 논리로만 극단으로 몰고 갈 경우 "바늘 끝 위에서 요정 몇 명이 춤을 출 수 있는가?"와 같이 현실과는 완전히 동떨어진 주제를 놓고 격론을 벌이는 일까지 일어나기도 했다. 반면 르네상스 시대의 인문주의자들은 과거이건 현재이건 실제로 일어나는 일에 관심을 보였다. 사람들이 살고 있는 세계에서 벌어지는 현실이 그들의 주요 관심사였다. 그런데 그들은 인간의 본성이 변화하지 않는다는 관점을 유지하고 있었다. 따라서 같은 조건이 주어진다면 인간은 같은 행동을 할 것이며, 그런 이유로 역사는 반복한다. 과거에 있었던 일이 다시 일어날 수 있기 때문에 인간은 역사에서 교훈을 얻을 수 있다. 르네상스 시대에 사람들이 역사에서 기대한 것은 그러한 교훈을 얻는 것이었다. 교훈을 준다는 것이 역사의 가장 중요한 기능이었고, 그것이 통치자에게 적용될 경우에는 치세에 필요한 실제적인 지침을 역사에서 얻는다는 것이었다.

마키아벨리의 『군주론』은 그러한 르네상스의 시대정신에 완벽하게 부응한 저작이었다. 고금의 사례를 살펴보고 현재의 지배자에게 필요한 통치의 기술을 전수한 것이다. 마키아벨리 연구의 권위자인 펠릭스 길버트의 말을 빌리면, 마키아벨리에게 있어서 "역사 서술은 정치의 법칙을 밝히기 위한 도구"였다. 이탈리아 르네상스 시대 인문주의의 아버지라 일컬어지는 프란체스코 페트라르카가 『유명한 사람들에 관하여』라는 책에서 로물루스부터 카이사르에 이르기

●●●
프란체스코 페트라르카는 이탈리아 르네상스 휴머니즘의 아버지라고 불린다. 그는 고전적 라틴어 구사에 능통했으며 많은 글을 썼다. 『유명한 사람들에 관하여』에 등장하는 인물들에 관한 에피소드를 『비망록』에 수록하기도 하였다. 알프스의 방투산에 오르는 과정을 기록한 등정기로도 알려져 있는 그는 고전 문헌을 수집하는 데도 큰 몫을 했다. 그렇지만 이탈리아어로 써서 라우라라는 여성에게 바친 『서정시』로 가장 잘 알려져 있다. 『서정시』는 14행으로 이루어진 소네트 형식이 유럽에 널리 퍼지도록 만든 계기가 되기도 하였다. 중세를 암흑시대로 봄으로써 '고대-중세-근대라는 시대 구분법의 기원을 제공한 인물로도 알려져 있다.

까지 로마의 전통적인 영웅들 31명에 대한 전기를 쓴 것도 고대 로마인들의 행적을 당대의 이탈리아인들에게 전해 행동의 귀감을 삼기 위함이었다.

마키아벨리의
문체

마키아벨리는 이렇게 역사적 사례에서 비롯된 조언을 하는 틈틈이 일반론을 이끌어 낸다. 식민지 건설의 장점을 논하면서는 "인간은 아주 부드럽게 대하거나 아주 강하게 짓눌러야 한다."는 교훈을 말한다. 인간은 가벼운 상처를 입으면 복수를 꾀하지만 아주 심하게 상처를 받으면 엄두를 내기조차 어려워하기 때문이라는 것이다. 루이 12세가 실패한 이유를 열거한 뒤에는 "상대의 힘을 강하게 만들어 주는 자는 스스로의 몰락을 초래할 수밖에 없다."는 일반론을 제시한다. 인간의 심리에 대한 깊은 통찰에서 나온 이런 글들은 대단히 강력한 힘을 갖고 있다. 그런데 그런 문구는 마키아벨리가 특히 『군주론』에서 오해를 받게 된 이유 가운데 하나이다. 왜냐하면 『군주론』의 여러 군데에서 자주 나오는 이런 구절들은 글이 나온 맥락과 상관없이 따로 떼어 놓더라도 경구나 격언으로서 큰 효능을 발휘하기 때문이다. 사람들은 마키아벨리가 살았던 시대에 대한 역사적 이해와는 무관하게 그런 구절들을 사용한다. 더구나 그렇게 그런 구절을 인용하는 사람들은 저자가 초점을 맞추려는 의도를 보려 하지도, 받아들이려 하지도 않는다. 결과적으로 마키아벨리의 강력한 문체는 『군주론』에서 보이는 마키아벨리의 본심을 이해하는 데 장애로 작용한다.

그렇지만 실질적인 조언을 제시하려는 사람으로서 인상 깊은 교훈을 제시하려는 한 그러한 문체의 사용은 필수적이었다. 그의 목적은 지배자에게 통치의 교훈을 강력하게 각인시켜 실제 정치에 유용하게 사용될 수 있도록 하는 것이었기 때문이다. 그것은 마키아벨리와 거의 동시대의 인물로서 역사가로서는 마키아벨리보다 더 큰 능력을 보이며 역사학의 발전에도 더욱 크게 기여했다고 평가받는 프란체스코 귀차르디니에게도 적용될 수 있다. 귀차르디니는 젊은 날에 『피렌체의 역사』를 써서 칭찬을 받았고, 이후에 쓴 『이탈리아의 역사』에서는 1490년부터 1534년 사이에 이탈리아 반도에서 일어난 사건들을 상세하게 기록했다. 두 저작은 역사 서술에 엄격한 학문적 잣대를 적용시켰다고 하여 서양사학사에서까지 중요하게 논의되고 있다. 귀차르디니는 그런 저작을 하는 과정에서 얻게 된 교훈을 모아 『통치자의 지혜』라는 책으로 출판했다. 오늘날 전문가를 빼면 귀차르디니의 『피렌체의 역사』나 『이탈리아의 역사』를 읽는 사람들은 거의 없을 것이지만, 『통치자의 지혜』는 전 세계적으로 꾸준히 사랑

F. GUICCIARDINI

피렌체의 우피치 박물관에 있는 프란체스코 귀차르디니 조각상.

마키아벨리의 친구로서 비판적 조언도 아끼지 않았던 귀차르디니는 피렌체의 명문 가문 출신이다. 그는 에스파냐 궁정과 교황청에 대사로 파견되기도 했고, 피렌체 공화국에서 봉직하기도 했다. 『피렌체의 역사』와 『이탈리아의 역사』 그리고 『통치자의 지혜』 외에 자신의 가문의 역사와 자서전도 남겼다. 220개의 교훈으로 이루어진 『통치자의 지혜』의 원제목은 "정치적, 시민적 기록"이다.

당시 이탈리아는 여러 도시 국가로 나뉘어 경쟁을 벌였다. 그런 맥락에서 역사서도 각 도시 국가의 역사에 대한 서술이 주류를 이루었다. 수많은 '피렌체의 역사'가 수많은 역사가들에 의해 서술되었고, 레오나르도 브루니는 『피렌체 찬가』라는 책까지 썼다. 이렇듯 지역적 색채가 짙은 당시 이탈리아 역사 서술의 상황에서 특히 귀차르디니의 『이탈리아의 역사』는 역사의 무대를 국가의 차원으로 넓혔을 뿐 아니라, 사심 없는 기록으로 근대 역사학의 길을 열어 놓았다는 평가를 받는다.

받는 스테디셀러로 자리매김하고 있다. 『군주론』이 오명에도 불구하고 사람들에게 회자되는 이유는 바로 이러한 측면에서도 이해할 수 있을 것이다.

지금까지의 논지를 정리하자. 마키아벨리는 『군주론』의 초두부터 군주국을 분류한다. 기준은 그 군주국이 안정적으로 유지되고 있는가 하는 현실적인 기준이다. 그는 안정성이 가장 위태로운 신생 복합형 군주국에 맞춰 그 국가를 튼튼한 기반 위에서 유지시킬 수 있는 방안을 제시한다. 그는 역사적인 사례를 이용하여 자신의 제안에 대해 보충적으로 설명한다. 그런 뒤에 짧지만 통찰력이 스며들어 인상을 깊이 남길 수 있는 일반적인 교훈으로 마무리한다. 그것이 "상상 속의 진리보다는 현실적인 진리를 추구"하면서 군주에게 "무엇인가 유용한" 지침서를 쓰려던 마키아벨리의 목적에 부합하는 방안이었다.

정복한 지역의 특성에 따른
지배 방식의 차이

어떤 지역을 정복하는 것보다 더 어려운 일은 그 지역을 확고하게 안정적으로 지배하는 일이다. 그에 대한 조언을 제시하기 위해 마키아벨리는 먼저 알렉산드로스 대왕에게 정복당한 페르시아 국왕 다리우스의 제국이 알렉산드로스 대왕이 뜻하지 않게 일찍 사망했는데도 왜 반란을 일으키지 않았는지 묻는다. 그 질문을 화두로 하여 마키아벨리는 정복한 지역을 그 특성에 따라 둘로 나누어 분석한다. 그 하나는 군주 한 명이 부하의 도움을 받아 직접 다스리는 국가이고, 다른 하나는 군주가 세습적인 권리를 누리는 여러 명의 영주들과 함께 통치하는 국가이다.

마키아벨리도 전자의 예로서 투르크 왕국을, 후자의 예로서 프랑스 왕국을 들고 있듯, 이 분류는 전통적인 동방의 전제 군주 국가와 서양 중세 봉건주의 국가의 구분과 대략 일치한다. 투르크 왕국처럼 군주가 직접 다스리는 곳은 정복하기 어렵다. 그 이유는 신하를 비롯한 국민 모두가 군주를 따르기 때문에 모반의 가능성이 적기 때문이다. 다른 지역을 정복하기 위해서는 그 지역 내부에서 정복자들을 도와주는 세력이 있어야 하지만, 그것을 기대하기 어렵기 때문이다. 그러나 일단 정복하여 군주의 가문을 제거하고 나면 어느 누구도 큰 세력을 갖고 있지 못하기 때문에 다스리기 쉽다.

반면 프랑스 왕국처럼 군주가 영주들과 세력을 나누어 갖고 있는 곳에서는 군주에 대해 불평불만을 갖고 있어 반란을 획책하는 사람들이 있다. 그들의 도움을 얻는다면 그 지역을 점령하기는 쉽다. 그렇지만 그런 지역은 다스리기 어렵다. 왜냐하면 새로운 지배 세력에 대해서도 불만을 품고 있는 자들이 여전히 강력한 세력을 갖고 존재하기 때문이다.

이러한 논리에 비추어 본다면 원래 제기했던 질문에 대한 답이 나온다. 즉 다리우스의 페르시아 왕국은 군주가 직접 다스리면서 통치했던 곳이기 때문에 일단 알렉산드로스가 정면 공격을 감행하여 승리를 거둔 뒤에는 쉽게 다스릴 수 있었다는 것이다. 이러한 고찰로부터 마키아벨리는 또 다른 일반론을 이끌어 낸다. 그것은 정복한 지역을 다스리는 데 있어서 가장 중요한 요인은 정복자의 능력보다는 정복한 지역의 특성이라는 것이다. 이것은 마키아벨리의 정치사상을 이해하는 데 중요한 요인인 인간의 힘(비르투)과 운명의 힘(포르투나) 사이의 대립이나 균형이라는 문제와 맞물려 있는 것으로서

이에 대해서는 이 책의 다음 장은 물론 그 이후에도 여러 곳에서 상세하게 설명할 것이다.

정복한 국가가 그들의 법에 따라 자유롭게 살아가는 데 익숙할 경우에는 세 가지의 다스리는 방법이 있습니다. 첫 번째는 초토화시키는 것입니다. 두 번째는 손수 그곳으로 가서 거주하는 것입니다. 세 번째는 그들의 법에 따라 살도록 하되, 조공을 바치게 하고 당신에게 계속 우호적일 소수의 사람들로 정부를 구성하는 것입니다. 제5장

스스로 만든 법에 따라 살던 국가를 점령하여 다스리게 되었을 경우는 또 다른 문제이다. 그들은 독립적으로 생활하는 데 익숙하고, 자유롭게 살아왔기 때문에 다루기가 힘들다. 그들을 다스리기 위해서는 더 큰 힘과 책략이 필요하다. 세 가지 방법이 있는데 첫째는 그들을 완전히 멸망시키는 것이다. 둘째는 직접 이주하여 그들과 함께 살며 다스리는 것이다. 셋째는 그들의 법을 유지시킬 경우에는 그들 중에서 우호적인 몇명으로 정부를 꾸리고 그들에게 조공을 바치게 하는 것이다. 정부를 맡게 된 그 소수는 군주의 호의를 사야지만 권력을 유지할 수 있기 때문에 충성을 바칠 것이다. 더구나 독립적으로 자유롭게 살아왔던 사람들을 다스릴 때는 이런 방식으로 그 시민을 사용하는 것이 좋은 방법이다.

이런 방식으로 살아왔던 사람들은 자유로운 정신 속에서 타국의

지배를 받지 않고 독립하려는 성향이 강하다. 그 예는 소수의 친한 사람들로 정부를 구성하여 아테네와 테베를 다스렸던 스파르타가 결국 그 지역을 장악하지 못하게 된 데서 찾을 수 있다. 반면 로마는 카푸아나 카르타고를 완전히 멸망시켰기 때문에 지속적으로 그 지역을 다스릴 수 있었다. 이런 사례에 비추어 볼 때 스스로 만든 법에 따라 살던 국가를 안정적으로 다스리기 위한 유일한 방법은 그 국가를 멸망시키는 것이다.

이런 국가들 중에서도 군주가 다스리던 나라를 정복하기가 더 쉽다. 군주를 제거하더라도 그 국민에게는 복종의 습성이 남아 있기 때문이다. 그들은 무기를 들고 대항할 용기를 쉽게 갖지 못한다.

> 그러나 공화국에는 더 큰 생기와 더 큰 증오와, 복수에 대한 더 큰 욕망이 있습니다. 옛 시절의 자유에 대한 기억은 사람들을 편히 쉬도록 만들지 않습니다. 따라서 [다스리는] 가장 확실한 방법은 파멸시키거나 그곳에 거주하는 것입니다. 제5장

마키아벨리는 법에 의해 다스리던 나라, 즉 공화국은 다른 나라에서 다스리기 어렵다는 사실을 밝힌다. 이것은 마키아벨리가 군주국보다 공화국이 더 이상적인 정치 체제라고 생각하는 이유로 받아들일 수도 있다.

공화국은 영어로 republic이라고 한다. 이 단어의 라틴어 어원은

'res publica'이다. 그것은 '사람들의 것'이라는 의미를 갖는다. 이런 어원으로만 본다면 군주 한 명이 아니라 다수가 통치하는 정치 체제는 모두가 '공화국'이라고 말할 수 있을 것이다. 그런데 마키아벨리가 공화국의 주민들에 대해 더 큰 생기와 독립에 대한 집념을 갖고 있다고 언급한 것에 비추어 볼 때 그가 말하는 공화국을 단지 '다수의 지배'라는 뜻으로만 받아들이기는 어렵다. 공화국은 '공동의 이익을 실현하기 위해 공동으로 지배하는 것을 법으로 확립시킨 나라'로서 공동체 구성원이 공적인 일에 자발적으로 참여하여 공공선을 위해 함께 결정을 내리는 곳이다. 『로마사 논고』에서 보인 마키아벨리의 공화정에 대한 믿음은 『군주론』에서도 역설적으로 나타난다. 즉, 국민의 독립에 대한 열의가 강한 공화국을 지배하는 방법으로는 멸망시키는 것이 최선이라는 것이다.

서양 중세의 봉건제도

마키아벨리가 말하는 프랑스 왕국의 특징은 서양 중세에 발생했던 봉건제도의 결과로 나타난 것이다. 중세 초기에 서부 유럽은 북으로는 바이킹, 동으로는 게르만족, 남으로는 이슬람의 침략을 받으며 고립되어 있었다. 중앙 정부의 힘이 약화되어 있었기 때문에 지방의 치안은 허술하여 사람들은 항상 위험에 노출되어 있었다. 외적뿐 아니라 야생 동물까지도 지역의 주민들에게는 위협이었다. 이렇게 불안한 상황에서 누구라도 즉각적으로 자신을 보호해 줄 수 있는 사람이라면 상관으로 모시지 않을 수 없었다. 중앙 정부는 힘이 없을 뿐 아니라 멀리 떨어져 있었다. 지방에서 큰 세력을 떨치고 있는 영주만이 그들을 보호할 수 있었다. 지역 주민들이 자신의 소유지를 영주에게 바치고 신변 보호를 부탁함에 따라 지역의 영주들이 큰 세력을 갖게 되었다. 영주보다 위에서 지배하는 사람은 국왕이라 할지라도 영주가 지방에서 자신의 가신을 통해 세력을 키우는 것에 간섭할 수 없었다. 이것을 '불수 불입권'이라고 말하며, 이러한 지방 분권이 봉건제도의 가장 큰 특징이다.

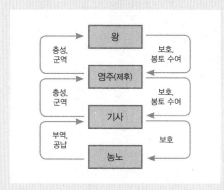

●●●
봉건제도의 지배 구조

3
인간의 힘과 운명의 힘

도덕을 배제한
정치 철학자

　　다음으로 마키아벨리는 군주국을 얻게 만들어 준 힘에 따라 다시 한번 군주국을 분류한다. 그 힘은 크게 보아 인간의 힘(비르투)과 운명의 힘(포르투나)으로 나눌 수 있다. 결국은 그 힘을 사용하여 군주에 오른 사람들을 대상으로 한 분류이기 때문에 이러한 구분에서는 인물 중심의 분석이 주가 된다. 먼저 그는 분석할 인물의 선정에 관한 기준을 제시한다. 그것은 가장 탁월한 사례를 제공하는 사람들을 선택한다는 것이다. 그 이유는 마키아벨리가 『군주론』에서 역사적 방식을 채택했던 이유와 비슷하다. 즉, 인간은 다른 사람들이 갔던 길을 다시 걷는 것이기 때문에 당연히 다른 사람의 행적을 모방하며, 그것이 어쩔 수 없는 일이라면 마땅히 위대한 인물을 따라야 한다는 것이다. 마키아벨리는 말한다. "신중한 사람은 언제나 위대한 인물이 밟았던 길을 택하고 가장 탁월한 사람들을 모방해야 한다. 그래야지만 자신의 능력이 그들에 못 미친다 할지라도 최소한 그들의 냄새는 맡을 수 있기 때문이다."

여기에서 마키아벨리가 뛰어나다는 것은 그 군주들을 평가함에 있어 도덕이라는 잣대를 배제하였다는 사실에 있다. 마키아벨리는 체계적인 정치 윤리에 관한 이론을 갖고 있지 않았고, 그것을 추구하지도 않았다. 실상 그는 정치의 영역에서 도덕에 관한 고려를 제거하였다. 마키아벨리는 그 인간들이 '어떻게 살아야 하는가' 하는 당위의 문제에는 관심이 없고 단지 과거에 그들이 자신의 일을 어떻게 처리했는지 그것만으로 평가한다. 그는 자신이 분석하는 인물들과 적절한 거리를 두고 관찰하며, 그들의 성격과 행위만을 대상으로 삼을 뿐 그 위대한 인물들에 대한 도덕적 평가는 결코 내리지 않는다. 그가 염두에 두고 있는 것은 어떤 군주가 자신의 능력만으로 그 국가를 지배하게 되었는지 아니면 행운과 같은 외부의 힘에 의존하여 지배하게 되었는지 하는 사실일 뿐이다.

자신의 힘과 능력으로
군주가 된 사람들

마키아벨리는 자신의 힘으로 군주가 된 대표적인 인물을 선정한다. 마키아벨리는 이 인물들과 관련된 사실의 정확성을 밝히거나 그들 사이의 인과 관계를 밝히는 데는 관심이 없다. 단지 마키아벨리 자신이 내세우고자 하는 주장의 사례를 제공하는 한 그들은 자신의 역할을 다한 것이다. 전설 속의 인물이든 현재 실존하고 있는 인물이든 마키아벨리는 자신이 원하는 사례를 제공하기 위해 그들을 똑같은 무게로 다루고 있다.

모세, 키루스, 로물루스와 테세우스는 자신에게 주어진 기회를 최대한으로 사용할 능력을 가졌던 사람들을 대표한다. 그 기회란 시련이라는 형태로 나타난다. 예컨대 로물루스는 태어나자마자 버려져야 했고, 테세우스에게는 아테네인들의 분열이 필요했다. 그들은 그것을 기회로 이용하여 새로운 권력을 획득했다. 그렇지만 그들은

모세. 유대교, 크리스트교, 이슬람교 모두에서 중요하게 여기는 예언자. 이집트에 포로로 잡힌 이스라엘인들을 이끌고 홍해를 건너는 기적을 행했으며, 시나이 산에서 십계명을 받았다고 전해진다. 고고학자들 사이에서는 그가 실존 인물이었는지에 대해 견해가 엇갈린다. 렘브란트, 1659.

키루스. 페르시아의 아케메네스 왕조를 창건한 군주로서 고대 오리엔트에서 가장 넓은 영토를 정복했다고 알려져 있다.

권력을 얻는 과정에서도 계속되는 시련을 겪는다. 그 주된 이유는 세력을 공고히 하기 위해 새로운 질서 또는 체제를 도입하려는 데에서 비롯된다. 그럴 경우 옛 체제에서 이득을 얻던 사람들은 적이 되는 한편, 새로운 체제에서 이득을 얻는 사람들은 적극적인 지지를 유보하기 때문이다. 왜냐하면 새로운 체제의 미래는 아직 불투명하기 때문에 거기에 전적인 신뢰를 보낼 수 없는 것이다. 결국 반대자들은 완강하게 저항하나 지지자들은 미온적이기 때문에 권력을 획득하기가 어렵다.

마키아벨리의 태도는 명확하다.

이 문제를 철저하게 논하기 원한다면, 이러한 개혁가들이(즉 미래의 지도자들이) 스스로 힘을 갖추고 있는지 아니면 다른 사람들에게 의존하고 있는지 관찰하는 것이 필요합니다. 바꾸어 말해 그들의 과업을 성취하기 위해 애걸을 해야 할 것인지 아니면 무력을 사용할 것인지 먼저 알아야 한다는 것입니다. 제6장

이럴 경우에 궁극적으로 문제가 되는 것은 자신의 무력을 확보하고 있는가 하는 사실이다. 자신의 무력을 갖춘다는 것은 마키아벨리에게 대단히 중요한 문제로서 이것은 『군주론』의 여러 곳에서 강조하고 있다. (이 문제가 갖는 역사적 중요성에 대해서는 앞으로 상세하게 설명할 것이다.) 모세, 키루스, 로물루스, 테세우스는 확실한 무력을 갖고 있었기 때문에 성공을 거둘 수 있었다. 반면 사보나롤라 신부는 언변은 뛰어났으나 무력이 없었기에 실패했다. 말로 애걸하거나 설득하기는 일단 쉽지만, 설득된 상태를 지속하기는 어렵다. 따라서 그럴 경우에는 무력으로 강제해야 한다. 어쨌든 자신의 힘으로 이런 시련을 극복한 사람들은 이후 강력한 지도자로 존경을 받게 된다.

●●● 로물루스는 쌍둥이 동생 레무스와 함께 로마를 건국했다고 알려져 있다. 태어나자마자 버려졌지만, 여러 기적의 도움을 받아 살아났다. 늑대의 젖을 먹고 자란 것으로 알려져 있으며, 양치기 부부가 그들을 키웠다. 새로운 국가 로마를 세울 때 장소의 문제를 두고 싸움이 벌어져 결국 레무스가 형에게 살해당한다.

●●● 전설적인 아테네의 건국 시조인 테세우스는 자신이 아테네 왕 아이게우스의 아들임을 증명한 뒤 크레타 섬의 미노스 왕궁에서 괴물 미노타우로스를 죽이고 아테네로 돌아와 왕이 되었다.

　　마키아벨리는 일개 시민으로서 시라쿠사 군주의 위치까지 올라선 히에론의 예를 들어 자신의 힘과 능력으로 군주에 오른 인물의 또 다른 덕목을 논하고 있다. 그는 시라쿠사가 절망적인 위기에 몰렸을 때 사람들에 의해 장군으로 선출되었고, 위기를 성공적으로 타개하며 군주의 자리까지 올랐다. 그는 앞서 논한 인물들의 장점을 갖춘 것 외에도 다른 탁월성을 보였다. 그것은 옛 군대를 해체하고 자신의 새로운 군대를 조직했으며, 예전의 동맹을 파괴하고 새로운

마키아벨리를 위한 변명 군주론

동맹을 체결하였다는 것이다. 그 결과 그는 어렵게 권력을 얻기는

했지만, 쉽게 지속적으로 유지할 수 있었다.

타인의 힘이나 행운의 힘으로
군주가 된 사람들

행운에 의해서만 군주에 오른 자는 별 어려움이 없이 그 자리에 올랐지만 그 자리를 유지하기는 힘들다. 이것은 돈으로 영토를 샀거나 다른 사람이 호의를 베풀어 영토를 하사한 경우를 가리킨다. 예컨대 페르시아의 다리우스 왕은 주변 국경을 안전하게 지키기 위해 이오니아와 헬레스폰트의 여러 도시 국가에 군주를 임명했다. 그들의 지배가 불안정한 이유는 호의나 행운이란 언제 바뀔지 모르는 것이기 때문이다. 더구나 그들은 다스리는 경험과 능력도 부족하고 헌신적이고 충성스러운 지지 세력도 확보하지 못했다. 마키아벨리는 자신의 힘에 의해 군주가 된 자와 행운에 의해 군주가 된 자를 비교하기 위해 프란체스코 스포르차와 체사레 보르자를 예로 든다.

그런데 여기에서 마키아벨리는 스포르차에 대해서는 적절한 수단과 대단한 능력에 의해 평민에서 밀라노의 공작으로 올라선 사람이라고 단 한 문장으로 설명한 뒤 체사레 보르자에 전적으로 초점을 맞춘다. 보르자는 교황 알렉산데르 6세의 아들로서 아버지의 힘으로 추기경에 올랐던 인물이다. 그는 추기경을 포기하는 대가로 프랑스 국왕 루이 12세가 인도한 발랑스 공국을 지배하였기 때문에 발렌티노 공작이라 불리기도 한다. 그는 루이 12세의 군사적 도움을 얻어 로마를 정복한 뒤 토스카나 지방을 위시한 이탈리아 중부 지역을 통일하려는 야망을 품었다. 이에 위협을 느낀 피렌체는 보르자의 동맹국 요구를 받아들였고, 이때 피렌체에서 보르자에게 사절로 파견된 인물이 마키아벨리였다.

1502년 겨울부터 이듬해 봄까지 약 4개월에 걸쳐 보르자를 접견하며 그를 관찰할 수 있었던 마키아벨리는 그의 능력과 야심에 큰 감명을 받았으며, 편지나 저서를 통해서도 그에 대해 "초인적인 용기"를 가졌으며, "자신이 원하는 것은 무엇이든 성취할 수 있다고 생각하는 사람"이라고 호평을 남겼다. 『군주론』 7장에 나오는 마키아벨리의 보르자에 대한 평가는 이 당시 피렌체 사절로서 관찰하며 기록한 보고서에 의존하는 것이다.

마키아벨리는 체사레 보르자의 능력을 신뢰하고 그가 이탈리아 통일이라는 대업을 이룰 수 있으리라는 기대까지 품었지만 궁극적으로는 그를 타인의 힘과 호의에 의해 권력을 얻은 사람으로 분류했다. 왜냐하면 그의 지위는 아버지 알렉산데르 6세에게서 왔고, 그의 사망 이후 그 지위를 상실했기 때문이다. 그럼에도 불구하고 그는 미래의 권력을 위한 강력한 토대를 구축해서 새롭게 군주에 오른 다른 사람들에게 모범이 될 만한 행동을 했기 때문에 그가 실패한 이유를 살펴보는 것은 더욱 큰 의미가 있을 수 있다. 왜냐하면 그런 능력에도 불구하고 "상궤를 벗어나게 극단적인 운명의 악의"와 맞선 인간 능력의 힘을 대비시킴으로써 인간의 힘과 운명의 힘 사이의 극적인 관계를 가장 극명하게 살펴볼 수 있을 것이기 때문이다.

알렉산데르 6세는 많은 어려움을 겪으며 아들 보르자에게 세력을 키워 주려고 했다. 이탈리아 내부의 영토를 장악할 수 있도록 프랑스 루이 12세의 군사적 도움을 얻기까지 한 것은 앞서 설명한 바와 같다. 이후 보르자는 자신의 힘과 능력에 의존하여 일을 처리하기로 했고, 상당한 성공을 거두었다. 적이었던 오르시니 파와 콜론나 파의 추종자들을 자신의 편으로 포섭하여 세력을 키웠고, 궁극적으로는 그 지도자들을 시니갈리아(20세기 초에 세니갈리아로 명칭을 바꿈)로 초청한 뒤 암살하고 그 추종자들은 포섭했다.

그런 방식으로 로마냐 지방을 점령한 뒤에는 그곳의 기반을 확고하게 다지기 위한 방편도 시행했다. 이전에 그곳을 지배하던 영주들이 무질서한 상태에서 신민을 약탈의 대상으로 삼았던 것을 알게 된 그는 유능하지만 잔인한 부하 레미로 데오르크에게 전권을 위임하여 다스리게 만들었다. 그렇게 질서와 평화는 회복했지만, 사람들의 불만은 생길 수밖에 없었다. 보르자는 그들의 환심을 얻기 위해 어

마키아벨리를 위한 변명 군주론

느 날 레미로를 처형하고 그 시체를 광장에 전시했다. 이에 사람들은 만족하면서도 경악했다. 또한 그는 프랑스의 도움을 얻었으면서도 그러한 도움이 지속되지 못하리라는 것을 깨달아 자신의 힘을 강화하면서 새로운 동맹국을 찾기 시작했다. 그는 부친의 뒤를 이어 교황에 오른 율리우스 2세가 적대적 행동을 보일 경우를 대비해 방도를 마련하기도 했다.

이런 모든 것을 감안할 때 체사레 보르자는 신생 군주국의 지배자로서 다른 사람의 귀감이 될 만한 인물이었다. 그의 능력을 정리한다면, 적으로부터 방어하는 것, 친구(동맹)를 얻는 것, 무력이나 술수로 정복하는 것, 국민의 사랑과 두려움을 함께 받는 것, 군대의 지지와 존경을 얻는 것, 피해를 줄 수 있는 사람들을 척결하는 것, 낡은 전통을 새로운 관습으로 혁신하는 것, 엄격하면서도 자비를 베풀고, 기강을 잡으면서도 관대한 것, 충성스럽지 않은 군대를 해체하고 새로운 군대를 만드는 것, 왕이나 다른 제후와의 친선 관계를 유지하여 그들이 기꺼이 돕거나 공격을 하더라도 존경의 염을 갖고 조심스럽게 하도록 만드는 것 등이었다.

그렇지만 이렇듯 뛰어난 방식으로 정책을 수립하고 그것을 수행한 체사레 보르자조차 아버지의 죽음과 자신의 건강 악화라는 운명의 힘을 피할 수 없었다. 이것이 마키아벨리가 그를 타인의 힘이나 운명의 힘에 의해 권력을 갖게 된 군주로 분류하는 이유인데, 그럼에도 불구하고 마키아벨리는 운명이 아닌 그 자신의 선택으로 저지른 큰 잘못을 지적한다. 그것은 교황 율리우스 2세가 선출될 수 있도록 보르자가 도왔던 사실을 말한다. 알렉산데르 6세의 사망 이후 교황에 올랐던 피우스 3세도 자리에 오른 지 한 달 만에 사망했다. 그는 새로 교황에 오를 후보군에서 자신을 두려워하거나 미워할 가능성이 있는 추기경 줄리아노 델라 로베레를 지지해 결국 그가 율리우스 2세가 되었다. 보르자는 그가 교황에 선출되면 교황군 총사령관에 자신을 임명하리라는 약속을 지킬 것이라 예상했다. 마키아벨리는 거기에 내재된 위험을 인식하지 못한 보르자를 비판한 것이다. 로베레 추기경은 보르자의 아버지 알렉산데르 6세에 의해 추방당해 10년간 망명 생활을 한 적이 있었는데, 그 원한을 잊고 그의

●●●
교황 율리우스 2세는 1503년부터 1513년까지 재임하면서 '전사 교황'이라는 별명이 붙을 정도로 적극적인 대외 정복과 외교 정책을 펼쳤다. 그런 한편 예술가들을 후원한 것으로도 알려져 있는데, 성 베드로 대성당의 증건을 위촉하기도 했고, 시스티나 대성당의 천장화를 미켈란젤로에게 위임하기도 했다. 그렇지만 그는 술수와 전쟁에 능한 인물로 교황에는 적합하지 않다는 평가를 받기도 한다. 이런 맥락에서 네덜란드의 인문주의자 에라스무스는 대화체의 짧은 글을 지어 그를 풍자했다. 사후 전사들을 거느리고 천국의 문을 두드리며 열어 달라고 호통을 치는 율리우스 2세에게 천국의 문지기 베드로는 오만한 전사는 이곳에 들어올 자격이 없다고 문을 열어 주지 않는 것이다.

아들과 쉽게 동맹을 맺을 리 없었다는 것이다. 마키아벨리는 보르자가 신중하지 못했음을 지적하면서 "인간이란 자신이 두려워하거나 미워하는 자에게 해"를 가하며, "새로운 은혜를 베풀어서 과거의 피해를 잊게끔 만들려는 것은 자기기만"이라는 교훈을 전한다.

부정한 방법으로
군주가 된 사람들

평민으로서 자신의 힘이나 타인 또는 행운의 힘을 빌리지 않고 군주의 자리에 오르는 경우도 있다. 사악한 방법을 사용하여 권력을 장악하는 것이다. 이 특수한 경우를 설명하기 위해 마키아벨리는 고대와 자신의 시대에서 두 가지 사례를 든다.

첫 번째는 시라쿠사의 왕이 된 시칠리아의 아가토클레스이다. 그는 도자기공의 아들로서 군대에 들어가 경력을 쌓은 뒤 사령관의 지위까지 올랐다. 그는 권력을 독차지하기로 마음먹고 음모를 꾸며 시라쿠사의 시민과 원로원을 소집한 뒤 그들을 살해했다. 대략 1만 명의 시민이 살해되거나 추방당했다고 알려져 있다. 이렇게 권력을 장악한 뒤 군대를 강력하게 육성시켜 시라쿠사 대부분을 지배하게 되었다. 그는 카르타고와도 전쟁을 벌여 두 번이나 포위당하는 위기를 맞았지만, 잘 방어했을 뿐 아니라 카르타고 본토를 공격하여 그들과 유리한 협상을 벌일 수 있었다. 마키아벨리는 그의 성공에 운명이나 타인의 힘이 도움이 되지 않았음을 인정한다. 그렇다고 해서 그 자신의 능력에 의해 이루어진 것이라고 보지도 않는다. 왜냐하면 이 경우에 마키아벨리는 그 무자비하고 반종교적인 행동을 도덕적인 미덕의 의미도 함축하고 있는 '비르투'라는 단어로 부를 수 없었기 때문이다.

두 번째 예는 페르모의 올리베로토이다. 아버지가 사망한 뒤 고향 페르모를 떠나 외삼촌 밑에서 양육되었던 올리베로토는 페르모의 정권을 찬탈하려는 야망을 품고 음모를 꾸몄다. 그는 고향에 자신이 성장한 모습을 보여 주겠다고 알린 뒤 환영해 줄 것을 요청했다. 그렇게 귀향한 뒤 그는 만찬을 베풀어 페르모의 유명 인사들을 초청했다. 올리베로토는 술책을 부려 그들을 한방에 몰아넣은 뒤 매복한 군인들로 그들을 참살하고 도시를 장악하여 새로운 정부를 구성했다. 그 뒤 그에게 해를 입힐 가능성이 있는 자들을 제거하고 권력을 확고하게 장악했다.

마키아벨리는 이런 경우에조차 권력을 지속적으로 유지하기 위한 지침을 제시한다.

국가를 탈취함에 있어서 정복자는 그가 가할 수 있는 온갖 피해를 고려해야 하며, 그 모든 것을 한꺼번에 가하도록 하여 그것이 매일 반복되지 않도록 해야 합니다. 그렇게 반복을 하지 않음으로써 사람

들을 안심시키고 베푸는 행위로 그들의 마음을 사야 합니다. 제8장

즉 사악한 가해 행위는 한꺼번에 신속하게 조치하되, 베푸는 행위는 서서히 진행시켜 민심이 서서히 돌아오도록 만들어야 한다는 것이다. 마키아벨리는 이렇게 말한다.

우유부단함 속에 가해 행위를 지속적으로 저지르는 자는 항상 수중에 칼을 들고 있어야 합니다. 왜냐하면 지배를 받는 자들도 항상 불안을 느끼고 있기 때문입니다. 가해 행위는 한꺼번에 저질러야 반감과 분노를 적게 일으키며, 시혜는 조금씩 베풀어야 맛을 오래 음미한답니다. 제8장

시민형
군주국

　　동료 시민들의 도움에 힘입어 술수나 폭력을 사용하지 않고 평범한 시민이 군주의 자리에 오르는 국가도 있다. 이런 시민형 군주국도 두 종류로 구분할 수 있는데, 그것은 국가마다 평민과 귀족이라는 두 계급이 있고, 그 둘 가운데 누가 군주를 내세워 지지하려 하는가에 따라 성격이 달라지기 때문이다. 평민은 귀족의 지배나 억압을 원하지 않는 반면 귀족은 평민을 지배하기 원한다.

　이 두 계급이 대립하는 특징으로부터 세 가지 형태의 결과가 나타날 수 있는데 그것은 군주정, 자유, 방종이다. 군주정에 대해서는 곧 설명할 것이다. 여기에서 마키아벨리가 말하는 자유는 '공화정'을 가리키며 방종이란 두 계급이 타협 없이 서로 하고 싶은 대로 하는 상태를 말하니 곧 무정부 상태를 일컫는다고 말할 수 있다.

　귀족은 평민의 압력을 감당하기 어려울 때 스스로 한 명을 추대하여 군주로 옹립한다. 평민도 귀족에게 대항하기 어려우면 자신들 가운데 한 명을 군주로 내세워 그를 통해 자신들의 권익을 보호하려 한다. 귀족의 도움으로 군주가 된 자가 평민의 도움으로 왕위에 오른 자보다 권력을 유지하기 어렵다. 귀족은 스스로를 군주와 대등하다고 생각하기에 명령을 내리기도 어렵기 때문이다. 반면 평민의 지지로 군주가 된 사람은 주변에 반대할 인물이 거의 없기에 자리를 유지하기가 비교적 용이하다.

여기에서 마키아벨리는 억압하고자 하는 귀족에 비해 억압에서 벗어나고자 하는 평민의 대의명분이 더 명예롭다고 말한다. 절대적으로 숫자가 많은 평민이 적대적으로 바뀔 경우 군주는 위험에 빠진다. 교활한 귀족들에 대해서는 항상 반역 행위를 경계해야 한다. 귀족들의 성격과 충성도를 항상 관찰하여 그에 맞춰 그들을 활용해야 한다. 반면 군주는 평민에 대해서는 항상 그들의 지지를 받아야 한다. 왜냐하면 군주는 항상 평민과 함께 살아야 하는 반면 귀족은 원하지 않으면 작위를 폐지할 수도, 그들의 권력을 감소시킬 수도 있기 때문이다. 귀족의 지지에 의해 군주가 된 사람이라 할지라도 항상 평민의 환심을 사며 그들을 보호하려고 해야 한다. 그래야만 그들은 역경에 처했을 때라도 충성을 바치는 우호적인 신민이 될 것이기 때문이다.

여기에서 마키아벨리는 국가의 힘이란 무엇에 의해 결정되어야 하는가 하는 문제로 화제를 돌린다. 우리는 여기에서 마키아벨리가 말하고 있는 국력이란 전적으로 전쟁과 관련하여 자신의 국가를 지킬 수 있는가 없는가의 문제에 국한되어 있다는 점에 주목할 필요가 있다.

이미 논했던 것처럼 당시 이탈리아는 여러 도시 국가들 사이에 전쟁을 벌이고 있었을 뿐만 아니라 외국의 세력과도 다투고 있었다. 전쟁은 언제 어느 곳에서도 일어날 수 있었으며, 그것은 재산을 획득하는 한 가지 방법이기도 했다. 전쟁에서 이긴 나라가 패배한 나라에서 전리품을 챙기는 것은 당연한 일로 간주되었고, 따라서 용병을 고용하는 일도 흔히 일어났다.

이런 상황에서 많은 군대와 많은 자금을 갖고 있는 군주는 자신의 국가를 방어할 수 있다. 문제는 적과 맞서기 힘들어 성벽 안에서 피신해야만 하는 군주의 경우이다. 마키아벨리는 이 경우에 초점을 맞추어 조언하는데, 그것은 대단히 실질적이고 단순하다.

즉, 성 밖 지역에는 신경 쓰지 말고 성 안을 적절히 요새로 만들면서 식량을 충분히 준비하라는 것이다. 그러면서 앞에서 말한 것처럼 신민들과 좋은 관계를 유지할 경우 성을 잘 방어할 수 있으리라고 마키아벨리는 전망한다. 왜냐하면 인간의 본성은 힘든 전투를 시작하기 꺼려하며, 그렇게 잘 방비된 도시 국가를 공격할 경우 불가피하게 고된 전투가 길어질 것임을 예상할 수 있기 때문이다. 마키아벨리는 그런 조건을 충실하게 갖춘 독일의 도시 국가들이 공격을 받은 적이 별로 없었다는 사례를 들어 가며 자신의 주장을 보충한다. 요약한다면 성을 요새화시키고 식량을 충분히 비축하며 신민의 사기를 유지시킬 경우 그 군주는 자신의 국가를 방어할 수 있다.

교회형
군주국

　　다음으로 마키아벨리는 군주국의 마지막 형태인 교회형 군주국에 대해 설명한다. 하나의 유형으로 분류했지만 실제의 역사에서 이것은 교황령을 가리킨다. 교회형 군주국은 인간의 능력이나 행운을 통해 얻어지긴 하지만, 유지해 나가는 데에는 그 어느 것도 필요하지 않다. 고대로부터 이어지는 강력한 종교 제도가 있기 때문이다. 마키아벨리도 이렇듯 초월적 권능에 의해 유지되는 국가에 대해서는 섣불리 논의하는 것을 삼간다. 그 신성한 권리의 기원이나 작동 방식에 대해 논하는 것은 신성모독이라는 불경을 저지르는 일일 수 있기에 그는 단지 교황권이 세속의 세계에서 권력을 확대하게 된 과정에 대해서만 논하고 있다.

　　마키아벨리는 이전에는 무시되었던 교회의 세속적인 권력이 어떻게 프랑스 왕을 이탈리아에서 몰아내고 베네치아 공화국까지 물리칠 힘을 얻게 되었는지 그 과정에 대해 논한다. 밀라노, 베네치아, 나폴리, 피렌체, 교황령이 이탈리아 반도의 세력을 나눠 갖고 있었을 때 그들은 어느 세력에게도 독점적인 세력이 몰리는 것을 경계했으며, 특히 교황령과 베네치아가 그 대상이었다. 그렇게 견제의 대상이 되었던 것 이외에도 로마에서는 귀족들이 오르시니와 콜론나, 두 개의 파벌로 나뉘어 반목하면서 서로 대립했지만, 교황 앞에서도 무기를 갖고 있을 정도로 교황의 권위를 약하게 만드는 데는 일치했다. 더구나 교황은 재위 기간이 짧아 이 파벌을 물리치기에는 시간이 충분하지 못했다.

●●●
오르시니 가문의 문장. 중세와 르네상스 시대에 이탈리아에서 큰 영향력을 행사했던 귀족 가문이다. 세 명의 교황과 34명의 추기경을 배출했다. 로마를 비롯하여 이탈리아 여러 지역에 산재하는, 오르시니 가문에서 지은 건축물들이 이 가문의 위세를 보여 준다.

●●●
콜론나 가문의 문장. 중세와 르네상스 시대의 귀족 가문으로서 오르시니 가문의 숙적이었다. 한 명의 교황과 수많은 정치적 인물들을 배출했다. 페트라르카는 콜론나 가문의 빈객으로서 로마를 방문하면 그들의 집에 머물며 그들을 찬양하는 소네트를 짓기도 했다.

마키아벨리를 위한 변명 군주론

교황령의 세력이 강해진 것은 알렉산데르 6세 때부터였다. 그는 돈과 권력을 사용하고, 프랑스의 침입과 같은 위기를 이용하여 자신의 세력을 크게 확대시켰다. 그는 아들인 발렌티노 공작 체사레 보르자에게 권력을 주기 위해 그 일을 했고, 보르자는 아버지의 세력을 더욱 키우는 데 공헌했다. 앞서 설명했던 것처럼 그가 사망한 뒤 아들마저 몰락했지만, 교회는 그의 권력을 물려받아 세력을 크게 키우게 되었다. 이렇게 강력해진 교회형 군주국을 물려받은 율리우스 2세는 교황령의 세력을 더욱 강화시켰다. 그는 베네치아를 붕괴시켰고, 프랑스를 몰아냈으며, 오르시니 가문과 콜론나 가문도 무력하게 만들었다. 그것이 그 다음 교황 레오 10세가 물려받은 유산으로서, 마키아벨리는 그에게 큰 희망을 보낸다.

●●●
교황 레오 10세는 율리우스 2세가 사망한 뒤 1513년에 교황이 되었다. 그는 예술을 크게 후원했지만, 낭비벽이 심하다는 평을 들을 정도로 과도했다. 성 베드로 성당의 재건을 지시했고, 라파엘로로 하여금 바티칸 궁정을 장식하도록 위임했다. 로마 대학을 재조직하여 문학과 고전학을 장려하기도 했다. 그러나 성 베드로 성당의 재건 자금을 모으기 위해 면벌부를 판 일은 마르틴 루터의 95개조 반박문으로 비난을 받아 종교개혁의 도화선이 되었다. 그럼에도 마키아벨리가 그에게 큰 희망을 내비친 것은 그가 메디치 가문 출신이었기 때문일 것이다. 그는 로렌초 일 마니피코의 차남이다.

4
훌륭한 군대의 중요성

용병의
취약성

　군주국을 유형별로 분류한 뒤 마키아벨리는 그 국가들이 강성해지는 방법을 논한다. 다시 한번 강조한다면 그것은 평화 시에 국력을 강화시키는 방안이 아니라 서로가 서로를 겨냥하며 호시탐탐 노리던 시절의 이야기이다. 따라서 그것은 다른 나라를 공격하거나 다른 나라로부터 방어할 때, 즉 전쟁의 상황에서 나라를 유지하기 위한 방안이다. 마키아벨리는 좋은 법률과 좋은 군대가 튼튼한 나라의 기반으로 필요하다고 말하면서, "좋은 군대가 있는 곳에는 항상 좋은 법이 있다."는 전제에서 군대의 문제를 먼저 거론한다.

　한 국가의 군사력은 자신의 군대, 용병, 외국의 지원군으로 이루어진다. 마키아벨리는 먼저 용병의 무력함을 강조한다. 그것은 마키아벨리 스스로의 경험에서 우러나온 말이기도 하다. 마키아벨리는 피렌체 공화국에서 제2서기국의 서기로 외교 사절의 임무를 하면서

10인으로 구성된 '전쟁 위원회'에서도 임무를 떠맡았다. 당시 피렌체는 피사와 전쟁을 벌이고 있었다. 1496년 피렌체로부터 독립한 피사는 계속 독립 상태를 유지하려 했으나 피렌체는 다시 피사를 정복하려고 하였다. 피렌체는 프랑스에 도움을 청했고, 프랑스에서는 병력을 지원했다. 그런데 그 병력이 용병대였다. 가스코뉴 용병들은 탈주했고, 스위스 용병대는 보수가 작다며 폭동을 일으켰다. 그 결과 피렌체는 피사에 대한 공격을 중단할 수밖에 없었다. 이때의 뼈저린 경험 때문에 마키아벨리는 1506년 피렌체 정부를 설득하여 시민군을 조직하도록 만들었고, 그 다음 해에는 시민군을 통솔하는 위치에 올랐다.

『군주론』에서 용병대의 무익함을 설파할 때도 이 당시의 경험이 묻어 나오며, 『군주론』이 집필된 해보다 8년 뒤인 1521년에 출간된

●●●
『전술론』은 베르나르도 루첼라이가 1490년대 피렌체 귀족과 학자 들의 모임 장소로 만든 정원 오르티 오리첼라리에서 벌어지는 대화의 형식을 취하고 있다. 이 책에서는 무장한 시민군의 중요성을 강조하며, 종교와 학문과 예술을 포함한 사회 전체가 군대에서 제공하는 안정성 위에서 존립이 가능하다고 주장한다.

『전술론』에서도 용병대의 무익함이 중요 주제로 다루어질 만큼 마키아벨리에게 자체의 시민군을 육성한다는 것은 대단히 중요한 문제였다.

마키아벨리에 따르면 용병은 쓸모가 없을 뿐 아니라 위험하다.

용병은 분열되어 있고, 야욕만 가득하며, 규율이 없고, 신뢰할 수 없기 때문입니다. 그들은 동료에게는 용감하나 적에게는 비굴합니다.
제12장

평화 시에는 용병대 자체가 부담이지만, 전쟁이 일어난다고 그들이 도움이 되는 것도 아니다. 왜냐하면 그들에게는 전쟁에 나갈 이유가 보수뿐이기 때문이다. 마키아벨리는 자신의 시대에 널리 퍼져 있던 우스갯소리까지 동원하여 용병대의 무익함을 조롱한다. 이탈리아는 용병에 의존하면서 스스로를 방어할 능력을 갖추지 못했다. 물론 용병의 일부는 용맹하기도 했지만, 프랑스의 샤를 8세가 이탈리아를 침공했을 때 그는 저항조차 받지 않아 백묵으로 이탈리아를 점령했다는 것이다. 이것은 교황 알렉산데르 6세가 했다고 전해지는 말인데, 1494년부터 1495년에 걸쳐 샤를 8세의 군대가 나폴리 왕국까지 손쉽게 점령하면서 자신들이 묵고 싶은 집 앞에 백묵으로 표시만 하면 되었다는 일화를 말하는 것이다. 마키아벨리는 "우리의 잘못으로 이탈리아가 혼란에 빠졌다."고 한 사보나롤라 신부의

말을 인용하며, 그것은 옳은 판단이지만 그가 지적했던 간음, 고리대금업 등의 현세의 타락이 과오가 아니라 군주들이 용병에 의존한 것이 잘못이었다고 말한다. 이러한 일화를 소개하거나 인용문을 자신의 용도에 맞게 변형시켜 사용한 사례에서는 용병대의 해악에 대한 마키아벨리의 짙은 불신은 물론 지리멸렬한 이탈리아의 상황에 대한 개탄도 깔려 있음이 확실하다.

마키아벨리에게 용병대는 어떠한 경우에도 무익하다.

용병 대장이 유능할 경우 그는 군주를 공격하거나 또는 군주의 목표가 아닌 다른 사람을 공격하여 자신의 지위를 높이려 할 것입니다. 반면 무능하다면 그 자체로 몰락의 요인입니다. 제12장

따라서 군주국이건 공화국이건 자체의 군대를 가져야 한다. 군주국의 경우에는 군주가 친히 군대를 지휘해야 하며, 공화국에서는 시민 출신을 장군으로 파견해야 하며, 그가 지나친 권한을 갖지 않도록 법적 장치를 만들어야 한다. 그럴 경우 공화국에서조차 일개 시민이 권력을 찬탈하는 일은 그다지 쉽지 않다.

다음으로 마키아벨리는 용병으로 말미암아 국력을 피폐화시킨 역사적 사례를 풍부하게 제시한다. 로마와 스파르타와 스위스는 자력으로 군사를 갖춰 자유를 지켰던 경우이다. 반면 카르타고는 고용했던 용병들에 의해 공격을 받았고, 테베는 알렉산드로스 대제의 아버지인 마케도니아의 필리포스 2세를 대장으로 삼았다가 오히려 자유를 잃게 되었다. 그런데 필리포스 2세의 경우는 예로 적절하지 못한 것으로 보인다. 그는 용병 대장이라기보다는 테베의 동맹군이었기 때문이다. 밀라노에서는 베네치아에 대항하여 프란체스코 스포르차를 고용하였는데, 그는 카라바조에서 베네치아에 승리를 거두긴 했지만, 곧 그들과 제휴하여 오히려 밀라노를 공격했다. 그의 아버지 무치오 아텐돌로도 나폴리의 군주 라디슬라우의 용병 대장이었다가 그 뒤를 이은 여왕 조반나 3세에게서 보수를 받았지만, 배신을 하고 조반나 3세에 대해 나폴리 왕위 계승권을 주장하던 앙주의 루이 13세를 위해 군사적으로 봉사한 바 있었다.

유능한 용병 대장이 영토를 확장했지만 권력을 찬탈하지 않았을 경우에도 거기에는 다른 이유가 있다고 마키아벨리는 말한다. 예컨대 베네치아나 피렌체에 유능한 용병 대장은 있었으나 그들이 야욕을 보일 기회를 갖지 못한 이유는 그들이 성공을 거두지 못했거나, 서로 견제하는 세력이 있어서 반대에 부딪쳤거나 아니면 그들이 다른 야심을 찾아 떠났기 때문이라는 것이다. 그것이 피렌체로서는 행운이었다. 마키아벨리는 유능하지만 성공을 거두지 못한 예로서 조반니 아우쿠트를 들고 있다. 그는 영국인 용병 대장으로 영어 이름은 존 호크우드이다. 마키아벨리는 그가 승리를 거두지 못했기 때문에 장담을 할 수는 없어도 만일 그가 성공했더라면 피렌체의 운명을 좌지우지했을 것이라고 판단한다. 피렌체에서 피사를 공격하기 위해 1498년에 고용했던 유능한 용병 대장 파올로 비텔리에 대해서도 마키아벨리는 비슷한 평가를 내린다. 그가 피사의 점령에

●●●
존 호크우드. 프랑스의 연대기 작가 장 프루아사르는 그를 '장 아쿠드'로, 마키아벨리는 '조반니 아우쿠트'로 표기한다. 호크우드는 14세기 이탈리아에서 활약했던 영국인 용병 대장인데, 처음에는 교황의 용병이었다가 뒤에는 여러 도시 국가에 고용되었다. 1377년부터 사망한 1394년까지 피렌체의 용병 대장이었다.

마키아벨리를 위한 변명 군주론

성공하지 못한 것이 오히려 피렌체의 행운이었다는 것으로서, 그가 성공했다면 적국 군대의 장군으로 임명되어 피렌체를 역으로 공격하거나, 아니면 피렌체를 지배하게 되었으리라는 것이다.

스포르차 가문과 브라체스키 가문은 경쟁 관계에 있어서 서로를 견제하느라 권력을 장악할 겨를이 없었다. 게다가 프란체스코 스포르차는 자신의 야욕을 롬바르디아에서 채우려 했고, 브라체스키 가문을 지배했던 용병 대장 브라초 다몬토네는 교황령과 나폴리 왕국에 더 큰 관심을 두었다.

베네치아의 역사도 용병의 무익함을 보여 주는 또 다른 확실한 사례를 전해 준다. 베네치아에서 자국민들이 스스로 무장을 하고 전쟁에 나갔을 때는 안정을 누릴 수 있었다. 그러나 용병 대장 카르

●●●
카르마뇰라 백작 프란체스코 부소네는 15세기 초에 용맹을 떨치던 용병 대장이었다. 밀라노의 비스콘티 가문을 위해 일하다가 1425년부터 베네치아에 고용되었다. 마클로디오 전투에서 밀라노에게 승리를 거두었다. 그러나 프란체스코 스포르차와 니콜로 피치니노에 대한 공격을 늦추는 바람에 비스콘티 가문과 내통을 하고 있다는 의심을 받아 재판에 처해진 뒤 1432년에 처형되었다.

마놀라 백작에게 군대의 통솔권을 맡기면서부터 베네치아 사람들은 실수를 하기 시작했다. 카르마뇰라 백작은 밀라노 공작과 전쟁을 하면서 자신의 능력을 보여 줬지만, 동시에 그는 전투에 열정을 다하지 않았고, 따라서 베네치아 사람들은 그가 승리를 거둘 수 있으리라고 보지 않았다. 그렇지만 그를 해고할 수도 없었다. 그가 오히려 밀라노 편에 서면 그나마 획득한 영토를 잃을 가능성도 있기 때문이었다. 따라서 그들은 카르마뇰라 백작을 살해할 수밖에 없었다.

카르마뇰라 백작의 뒤를 이어 베네치아 사람들이 고용한 바르톨로메오 다베르가모, 로베르토 다 산세베리노, 피틸리아노 백작 등은 세력을 키우는 것이 아니라 패배할 것을 걱정해야 할 정도로 무능한 용병 대장들이었다. 결국 베네치아는 바일라 전투에서 결정적으로 패함으로써 세력이 크게 약화되었는데, 마키아벨리는 그것이 모두 베네치아가 용병을 쓰기 시작하면서 비롯된 일이라고 논한다.

●●●
바일라 전투. 아냐델로 전투라고 부르기도 한다. 밀라노를 지원하던 프랑스의 루이 12세가 베네치아에서 고용한 오르시니 가문의 니콜로 피틸리아노 용병 대장의 부대를 격파했다.

지원군의
위험성

용병이 무익하다고 한다면 외국의 지원군은 그것을 넘어 위험하기까지 하다. 지원군은 자국에서 외국의 통치자에게 도움을 요청했을 때 방어를 돕기 위해 파견된 군대이다. 따라서 그들은 용병에 비해 기강이 높고 유능하여 더 효과적이라고 말할 수 있으나, 그런 만큼 더욱 위험하다. 왜냐하면 그들이 패배하면 그것으로 몰락이고, 그들이 승리하면 통솔권은 그들이 쥐게 되기 때문이다. 마키아벨리는 대표적으로 교황 율리우스 2세의 예를 들어 가며 자신의 주장을 펼친다. 교황은 자신이 고용했던 용병 부대가 페라라의 공격에서 실패하자 에스파냐의 군주 페르디난도에게 군사 지원을 요청하는 과오를 저질렀다. 율리우스 2세는 볼로냐를 정복한 뒤 페라라까지 획득하려고 시도했지만 결국 페라라는 프랑스 군의 수중으로 넘어갔다. 뿐만 아니라 그는 볼로냐마저도 포기해야 했다. 이런 상황에서 에스파냐와 조약을 맺고 군대 지원을 받은 것이다. 이것이 1511년의 레가 산타 조약이다.

교황 율리우스 2세에게 다행스러웠던 것은 그렇게 외국 군주의 수중에 자신을 내맡겼으나 그 지원군이 패배했던 것이고, 더욱 다행스러웠던 것은 때마침 스위스의 용병대가 도착하여 프랑스 군을 몰아냄으로써 지원군의 지배를 받는 상황에 처하지 않아도 되었다는 사실이다. 마키아벨리는 피사를 공격하기 위해 프랑스 군의 지원을 받았던 피렌체와, 내란의 상황에서 투르크 병력을 초청한 비잔티움제국의 황제 칸타쿠제노스에게 가해진 더 비참한 상황을 나열하며 지원군의 초빙이 갖는 위험성에 대한 일반론으로 경고한다.

패배를 원하지 않으면 지원군을 사용하지 마십시오. 지원군은 결속된 세력이며, 원래의 군주에게 충성을 바치기에 훨씬 더 위험합니다. 용병은 단지 보수를 받고 일하기 때문에 단결된 세력으로 크기도 어렵고 따라서 권좌를 넘보기에는 시간이 걸립니다. 용병은 비겁함이나 전투를 기피하는 태도 때문에 패배를 불러올까 위험한 반면, 지원군의 경우에는 능숙함과 용기 때문에 승리를 거둔 뒤가 위험합니다. 따라서 결론은 현명한 군주라면 자신의 군대를 육성해서 그들을 이용해야 한다는 것입니다. 그럴 경우의 패배가 지원군의 도움을 받은 승리보다 값집니다. 제13장

마키아벨리를 위한 변명 군주론

마키아벨리는 지원군을 효과적으로 사용하여 도움을 얻은 사례를 체사레 보르자에게서 찾는다. 앞서 설명했던 것처럼 보르자는 프랑스 지원군의 도움을 얻어 로마냐 지역을 점령했다. 그러나 그들을 불신해서 곧 오르시니 가문과 비텔리 가문의 용병대에 의존했다. 그렇지만 그들 역시 위험하다고 판단해 곧 음모를 꾸며 용병 대장들을 암살한 뒤 그 추종자들을 포섭하여 자신의 군대로 만들었다. 이런 이유로 체사레 보르자라는 한 인물에게서 지원군과 용병과 자신의 군대를 사용했을 때의 차이를 극명하게 비교할 수 있다. 보르자가 가장 큰 존경을 받으며 세력을 확대시켰을 때는 자신의 군대를 키워서 그들을 장악했을 때였다.

다음으로 마키아벨리는 자신의 군대를 키워 성공한 사례와 해외의 용병을 키워 실패한 사례를 비교하면서 자국 군대 양성의 중요성을 설파한다. 마키아벨리는 시라쿠사의 히에론 왕을 다시 예로 든다. 그는 용병대의 무익함을 간파한 뒤 용병 대장들을 살해하고 자신의 군대를 키워 국력을 강화했다. 여기에서 마키아벨리는 구약에 나오는 다윗 왕 이야기를 비유로 들며 자신의 무기를 가져야 할 필요성을 역설한다. 사울 왕이 다윗을 격려하기 위해 자신의 무기와 갑옷을 주었지만 다윗은 그를 거절하고 자신의 무기인 돌과 단검으로 골리앗을 물리쳤다. 이를 통해 마키아벨리는 타인의 무기와 갑옷은 부담이 되거나 움직임을 제약할 뿐이라는 교훈을 전하지만, 자국 군대의 필요성을 논하기 위해 이용한 사례로서는 충분하지 못한 것으로 보인다.

한편 용병의 무익함을 극명하게 보여 주는 사례는 프랑스 샤를 7세와 그 아들 루이 11세 사이에 나타나는 용병에 대한 태도의 차이에서 확연하게 드러난다. 프랑스의 국왕 샤를 7세는 1337년부터 1453년까지 이어진 백년전쟁을 끝내며 프랑스를 영국으로부터 완전히 해방시켰다. 전쟁 도중 휴전이 이루어진 1436년부터 1437년 사이에 그는 자국 군대의 필요성을 절감하고 기병과 보병으로 구성된 군대를 창설하기 위한 칙령을 선포했다. 그러나 아들 루이 11세는 보병을 위한 칙령을 폐지하고 스위스 용병을 고용하기 시작했다. 이 결정이 프랑스 왕국에 위험을 초래했다. 스위스 용병을 우대하자 자국 군대의 사기는 떨어졌고, 게다가 보병을 폐지하자 기병 역시 스위스 용병과 공동 작전을 펼쳐야 하기에 그들에 의존하게 되었다. 그리하여 프랑스 군대는 용병과 혼성군으로 이루어지게 되었는데 그 모두가 자국 군대와는 비교가 되지 않을 정도로 허약하여, 결국 프랑스 왕국 자체의 약화로 이어졌다. 마키아벨리는 로마 제국이 멸망한 원인도 게르만족의 일파인 고트족 용병을 사용한 사실에서 비롯되었다고 판단한다.

결국 어떤 군주국이라 할지라도 자신의 군대를 가져야 하며, 그렇지 못할 경우에는 전적으로 행운에 의존해야 한다. 마키아벨리는 고대 로마의 역사가 타키투스가 『연대기』에서 기술했다고 하는 격언 "자신의 힘에 바탕을 두고 있지 않은 권력의 명성만큼 나약하고

불안정한 것은 없다."를 인용하며 자국의 국민이나 부하로 이루어진 군대의 중요성을 강조한다. (타키투스의 말은 정확하게 "자신의 힘에 바탕을 두지 않은 권력의 명성만큼 불안정하고 무상한 인간사는 없다."는 것이다.)

군주는 무엇을
해야 하는가?

다음으로 마키아벨리는 전쟁이나 군사적인 업무와 관련하여 군주가 해야 하는 일에 대해 실질적인 조언을 한다.

군주는 언제나 전쟁을 염두에 두고 그것에 대비해 행동해야 합니다. 그래야만 통치자로 태어난 사람은 그 지위를 유지할 수 있고 그렇지 않은 사람도 그 자리에 오를 수 있기 때문입니다. 만일 군사와 관련된 일을 게을리하고 섬세한 취향과 같은 일에 몰두하면 권력을 잃게 됩니다. 제14장

마키아벨리는 무력이 있었기에 일개 시민에서 군주가 된 밀라노의 용병 대장 프란체스코 스포르차를 예로 든다. 그의 자손들은 무력 향상에 소홀했기 때문에 시민의 위치로 전락했다는 것이다. 무

력이 있는 자와 무력이 없는 자가 만나면 당연히 없는 자가 있는 자에게 복종을 해야 하며 그들 사이에 평등이 있을 수는 없다. 군주와 부하 사이에서도 무력이 있는 자는 없는 자를 경멸하며, 없는 자는 있는 자를 의심한다. 경멸과 의심이 오고가는 사이에서 협동은 있을 수 없다. 따라서 군주는 군사 업무에 정통해야지만 부하의 존경을 받으며 안정적으로 통솔할 수 있다.

군주는 평화 시에도 항상 전쟁에 대비하여야 한다. 군사 훈련을 하는 것은 물론, 사냥으로 신체가 어려움을 극복할 수 있도록 만들고 지형에 대한 감각도 익혀야 한다. 군주가 산과 골짜기, 강과 늪지와 같은 지형에 대해 잘 알고 있는 것은 군사적으로도 아주 중요하다. 자신의 국토를 잘 알게 되어 국방에 도움이 될 뿐만 아니라, 처음 접하는 지형에도 쉽게 적응하도록 만들어 주기 때문이다. 이렇듯 지리적 지식에 능통할 경우, 야영 장소를 물색할 때나 전쟁의 공방전에서 유리한 조건을 갖출 수 있다. 마키아벨리는 아카이아 동맹의 군주 필로포이멘이 평화 시에도 항상 지형을 고려하며 언덕 위에 있는 것과 언덕 밑에 있는 것 중 어느 편이 유리한지, 그 지형에 맞는 진영은 어떤 것인지, 후퇴하게 된다면 퇴각로는 어떻게 정해야 하는지 등등 전투와 관련된 질문을 던졌다는 점에서 그를 높게 평가한다.

군주가 갖춰야 할 또 다른 덕목은 역사책을 읽으면서 위대한 인물의 행적을 연구하며 정신을 단련시키는 일이다. 여기에서도 특히

••••
마키아벨리는 『로마사 논고』 제3권에서도 사냥의 중요성에 대해 논하고 있다. 전투란 사냥의 또 다른 형태일 뿐으로서, 사냥은 지형을 아는 데 큰 도움이 되며 그러한 지식은 장군이 전쟁에서 유용하게 사용할 수 있다는 이유에서이다.

실제로 중세 귀족은 봉건 계급으로서 전쟁을 통해 자신의 신분과 재산을 유지했는데, 평화 시에 그들은 사냥을 통해 심신을 단련하고 가상 전쟁의 상태를 느끼며 그에 대비했다. 야생 동물의 위협에 시달리던 당시 사냥이 평민을 도운 측면도 있기는 하나, 점차 귀족이 노획물의 소유권을 독점하고 평민의 수렵을 금지시킴으로써 사회적 갈등의 원인이 되기도 하였다. 중세 농민들이 폭동을 벌일 때 요구 조항에는 사냥이나 고기잡이를 자유롭게 해달라는 것이 반드시 들어 있었다. 그것은 훗날 프랑스 혁명 당시 봉건 특권 폐지 법령에까지 반영되었다.

읽어야 할 것은 전쟁 영웅들에 대한 책으로서 그들의 승리와 패배의 원인을 고찰하면서 그들의 행위를 모방해야 한다. 마키아벨리는 알렉산드로스 대제가 아킬레우스를, 카이사르가 알렉산드로스를, 스키피오가 키루스를 모방함으로써 영광을 차지할 수 있었음을 예로 들어 설명한다. 한마디로 현명한 군주는 항상 근면하게 전쟁을 염두에 두고 행동해야 하며, 그래야만 운명이 변하더라도 그에 잘 대처할 수 있다는 것이다.

자국 군대 중요성의
지적 계보

　　마키아벨리는 용병과 타국 지원군의 무익함이나 위험성과 자국 군대의 중요성을 강조하면서 주로 자신이 직접 겪은 경험과 시간적 공간적으로 비교적 가까운 이탈리아 역사의 선례를 이용한다. 그렇지만 자국의 시민군으로 유지되는 군대의 필요성을 보여 주는 예는 고대 그리스로 거슬러 올라갈 정도로 그 계보가 길다. 마키아벨리의 중요성은 그러한 고대의 유산을 물려받은 뒤 그것을 후대로 전달시켜, 현대 학계에서 중요한 화두로 떠오르고 있는 공화주의의 이론적 기반에 대한 논의의 장을 계승시켰다는 데에서도 찾을 수 있다.

　자국 군대를 갖춰야 할 당위성은 고대 그리스의 도시 국가인 폴리스로부터 배태되어 있었다. 아리스토텔레스는 "인간은 정치적 동물(political animal)"이라는 말을 했다고 전해진다. 그런데 그 말의 원뜻은 "인간은 폴리스에 사는 동물"이라는 것이다. 아리스토텔레스에 따르면 폴리스는 "지배하는 자가 지배받고, 지배받는 자가 지배하는 곳"이다. 이렇게 모두가 동등해질 때 인간은 비로소 인간답

●●●●
솔론은 아테네의 정치적·경제적·도덕적 타락에 맞서 올바른 법을 만들어 개혁을 이루려 했던 정치가다. 그의 개혁안은 단기적 성공을 거두지는 못했으나 아테네 민주주의의 초석을 깔아 놓았다는 평가를 받는다. 그가 동시대에 반향을 일으키고 후대의 칭송을 받아 온 이유의 하나는 재물보다 미덕을 높게 본 그의 기개에 있다.

그에 대해서도 그의 시대에 대해서도 문서나 고고학적 자료가 충분치 못하다. 그러나 그가 즐겨 썼던 시를 통해 삶에 대한 그의 태도를 엿볼 수 있다. 상인으로 재산을 모으기도 했던 그는 "재물을 원하나 불의로 얻는 것은 싫으니,/ 재물에는 불행이 따르기 때문"이라고 했다. 재산가였는데도 그는 가난한 사람들의 편에 섰던 것이다. "미천한 자는 잘살고 선한 자는 못사나,/ 우리의 덕은 돈과 바꾸지 못할 것이나,/ 덕은 영원히 우리의 것이나/ 재물은 이손 저손으로 떠도는구나."

아테네가 정치적·이념적·부족적·지역적 파벌로 나뉘었던 시절에 그 혼란을 넘으려면 전제정치가 필요하다며 사람들은 매사를 공정하게 처리하던 그를 왕위에 추대했다. 그는 "나라를 구하는 길이라면 폭군의 권세를 휘두르더라도 수치로 생각하지 않겠으나, 천하제일이라 스스로 생각할까 두렵다."며 거절했다. 그는 조용히 정무를 보며 법을 제정했을 뿐이었다.

게 "자신이 선택한 방식대로" 자유롭게 살 수 있다. 그렇게 평등과 자유가 결합되어 실현되는 곳이 폴리스라는 것이었다.

그런데 한 개인이 자유와 평등을 누리기 위해서는 최소한 자신의 몸을 외부의 공격으로부터 방어할 능력을 갖추고 있어야 한다. 갑옷과 칼 등의 무기는 가격이 비쌌기 때문에 일정한 재력을 갖추지 못한 사람은 구입하기 어려웠다.

솔론과 같은 개혁가가 재산의 차이에 따른 차등의 참정권을 부여했을 때 그것은 재산에 바탕을 둔 금권정치라기보다는 자신을 무장시킬 수 있는 능력에 따라 군사 의무를 규정한 것이라고 봐야 한다. 훗날 무기의 가격이 하락하고 평민들도 무장이 가능해지면서 군역에 참여하고 참정권이 확대되었다는 사실도 그것에 대한 간접적 증거라고 말할 수 있다.

고대 그리스의 도시 국가에서 배태되었던 이러한 생각은 로마의 철학자이자 정치가였던 마르쿠스 툴리우스 키케로에게로 이어졌다. 그는 '공화국'에 대해 '어떤 법체계에 동의하고 공익을 추구하는 다수'라고 정의를 내렸다. 마키아벨리가 물려받은 것은 바로 이러한 정신이었다. 『군주론』은 군주국의 부국 강병책을 군주에게 건의하는 내용이기에 이 책에서 마키아벨리의 논의는 군주국의 경우로 집중되어 있다. 그렇지만 그에 따르면 군주국에서건 공화국에서건 국가의 안정은 자국 국민으로 이루어진 군대를 갖추는 것이었다. 왜냐하면 시민들의 무장을 통해서만 국가가 유지되고, 시민은

무장을 통해서만 자유를 얻을 수 있기 때문이다.

마키아벨리의 논지를 오늘날 논란이 되고 있는 용어로 말한다면 그는 '적극적 자유'를 옹호하고 있었다는 것이다. 소극적 자유란 타인의 간섭이 배제된 상태에서 자신이 원하는 바를 행하는 자유를 말한다. 이것이 이른바 오늘날 신자유주의자들의 주장으로까지 이어지고 있는 자유의 개념이다. 반면 적극적 자유가 갖는 함의란 각 개인들이 서로 평등한 상태에서 자신이 하고 싶은 바를 행하기 원한다면, 그것이 공동의 이익을 향하는 쪽으로 나아갈 수 있도록 공동체가 적극적으로 개입해야 한다는 것이다. 그러니 마키아벨리가 말하고 있는 바, 시민들이 자신과 국가를 지키기 위해 군대에 참여하는 것은 바로 적극적인 자유를 지키기 위한 수단이라고 말할 수 있을 것이다.

마키아벨리는 재산에 대해서도 고대 그리스인들과 비슷한 관점을 유지하고 있었다. 그에게 있어서 재산은 무기를 갖추기 위한 선행 조건이었다. 시민이 재산을 소유하는 것은 무장을 통해 덕을 발휘하기 위한 것일 뿐이지, 재산 축적이 그 자체로서 목적이 될 수는 없는 것이었다. 이 점에 있어서 그는 재산보다 미덕을 높이 평가한 솔론의 정신을 이어받고 있다 말할 수 있다.

이렇듯 시민의 자발적 참여로 이루어진 군대의 중요성에 대한 믿음은 17세기 영국의 의회파 지식인들에게로 이어졌다. 의회파와 왕당파가 대치하며 내전까지 벌였던 영국의 상황에서 존 트렌처드를 비롯한 의회파 지식인들은 왕이 시민군의 지휘권을 장악하는 것에 반대했다. 그렇게 될 경우 군대는 왕의 명령에 따라 언제라도 시민을 겨누는 흉기로 바뀔 수 있으리라는 것이 이유였다. 지배 세력인 왕당파에서는 왕 직속의 상비군을 두는 것이 국가의 안전을 위해 효율적이라는 논리를 펼쳤다. 반면 그런 군대는 자유 정부와 양립할 수 없다는 것이 의회파의 지론이었다. 그들은 고대 이스라엘과 아테네와 로마 같은 나라들은 결코 직업적인 상비군을 두지 않았지만 강성하게 번영을 누린 반면, 그런 원리가 지켜지지 않았을 때에는 폭정이 나타났다는 역사적 증거를 제시했다.

포칵이라는 역사가는 1975년에 『마키아벨리언 모멘트』라는 책을 발간했다. 많은 논란을 불러일으킨 그 책의 명제는 키케로, 마키아벨리, 영국의 의회파로 이어진 공화주의의 지적 계보가 토머스 제 퍼슨으로 연결되어 미국 독립의 한 계기를 이루었다는 것이다. 마키아벨리나 영국의 의회파 지식인이나 미국의 독립 혁명을 주도했던 인물들은 모두 자신의 나라가 몰락해 가는 것을 보면서 이상적인 국가를 복원시키려는 꿈을 가졌고, 그것이 그들 행동의 계기가 되었다는 점에서 같다는 것이다. 시민의 자발적인 참여로 이루어진 군대는 그 실천적 대안의 하나였다.

5
인간성에 대한 마키아벨리의 고찰

존재와
당위

앞으로 전개될 마키아벨리의 논지를 선명하게 드러내기 위해 지금까지의 논의를 아주 간략하게라도 돌이켜 볼 필요가 있다. 앞장에서 논한 것처럼 마키아벨리가 보기에 군주는 모든 행동과 생각의 초점을 전쟁에 맞춰야 한다. 그것은 이탈리아가 내부로 분열되어 있고 외적까지 침공해 오고 있는 상황에서 국가의 안전을 걱정하는 군주라면 마땅히 해야 할 일이다. 따라서 마키아벨리는 여러 형태의 군주국에서 전쟁이 일어났을 경우의 공방전에 대비해 어떤 종류의 군대가 적절하고, 전쟁의 상황에서 군주는 어떻게 처신해야 하는지 그에 대한 자신의 견해를 피력해 왔다. 단적으로 말해 전쟁의 상황에서 적에게 어떻게 대처해야 할지 그에 대해 조언한 것이다.

그러나 군주가 살펴야 할 것은 적뿐만이 아니다. 오히려 자신의 부하나 친구 들을 제대로 관리하는 것이 훨씬 더 중요한 일일 수 있다. 그리하여 마키아벨리는 이 주제로 관심을 전환한다. 그러면서 그는 자신의 방식의 새로움을 단언하고 있다. 그의 그러한 주장은 옳았으며, 그 새로움이 그가 오래도록 비난을 받게 된 원인이 되기도 하였다. 이러한 주제를 다룬 선례가 없었던 것은 아니지만, 마키아벨리는 자신의 조언이 확연하게 다를 것임을 확신한다. 왜냐하면 그는 현실의 세계를 이해하는 데 무언가 도움이 될 조언을 하려면 '현실적인 진리'를 추구해야 한다고 생각했기 때문이다. 마키아벨리의 말을 들어 보기로 하자.

어떻게 살고 있는가와 어떻게 살아야 하는가 사이에는 큰 간격이 있어서 실제로 행해지고 있는 것과 그렇게 행해져야 하는 것의 차이를 알지 못하는 사람은 자신의 파멸을 배우게 될 것입니다. 왜냐하면 언제나 선한 일만 하겠다고 공언하는 사람은 너무도 많은 선하지 않은 사람들 사이에서 파멸을 겪지 않을 수 없기 때문입니다. 따라서 군주란 자신의 지위를 유지하기 위해서는 경우에 따라 선해지지 않는 법도 배워야 합니다. 제15장

바꾸어 말해 기독교의 전통이 강한 서양 사회에서 정치가의 덕목으로 '선'을 꼽는 것은 당연한 일로 여겨져 왔는데, 마키아벨리는 현실 정치의 맨살을 드러내 보인 것이다. 그것은 언제나 냉혹하며, 그렇기에 그 냉혹한 면모를 그대로 드러내는 일은 위험을 무릅쓴

일일 수 있다. 마키아벨리에게 군주가 언제나 선을 고수하면서 정치 활동을 한다는 것은 상상 속에서나 있을 법한 일이다. 군주란 현실의 세계에서 많은 국민의 안녕을 책임지고 있기 때문에 더 높은 차원에 존재하며, 그런 이유에서 그들을 판단할 기준은 선과 악 같은 추상적 개념이 아니라, 그들이 지탄을 받거나 칭찬을 받을 실제적인 성품이 되어야 한다. 그렇기에 마키아벨리는 군주가 관대한가 인색한가, 냉혹한가 자비로운가, 나약하고 비겁한가, 강인하고 용감한가와 같은 여러 실제적인 행동의 양식을 두고 군주에게 어떻게 행동해야 할지 조언한다.

마키아벨리가 대단히 현실적이라 함은 좋다고 간주되는 모든 품성을 군주 한 명이 모두 갖추기 어렵다는 것을 인정하는 데서도 드러난다. 그 모든 덕성을 갖추고 그에 맞춰 행동하는 것이 현실적으로 불가능하다면 국가를 잃게 만들 수도 있는 치명적인 악덕은 피할 정도의 신중함을 갖추면서도, 그런 정도의 악덕이 아닌데 불가피하게 저지를 수밖에 없는 악덕이라면 크게 구애받지도 말아야 한다는 것이다. 군주로서는 국가를 지키는 것이 가장 중요한 목표이니만큼 덕으로 보이는 일이라 할지라도 파멸에 이를 수 있는 것이라면 피하고, 악이라 할지라도 자신의 안전과 복지를 가져다 줄 것이라면 행해야 한다는 것이다. 이렇듯 개인적인 악덕의 문제보다는 국가 자체의 존립 이유를 무엇보다도 강조하는 마키아벨리의 주장은 이후 '국가 이성'에 관한 논의로 변모되어 나타난다. 많은 책에서 군주가 자신의 권력 기반을 지키기 위해 그렇게 행동해야 한다고 번역한 것은 마키아벨리의 본심에 대한 심각한 오역으로 보인다. (번역본에서는 모두 '국가'를 '권력'으로 오역함.)

관대함과
인색함

마키아벨리는 먼저 관대함과 인색함이라는 한 쌍의 개념에 대해 논한다. 그러나 면밀하게 살핀다면 이것은 명분과 실리 사이의 선택에 관한 문제로 귀결되는 것처럼 보인다. 전통적으로 군주는 타인에게 베풀면서 관대해야 마땅하다는 당위성 속에서 행동해 왔다. 그러나 마키아벨리는 관대함, 또는 관대하다는 명성을 경제적 실익과 관련시켜 예리하게 분석하면서 군주가 그 두 품성 가운데 어떤 것을 선택해야 할지 그 대안을 제시하는 것이다.

관대하다는 평판을 받으면서 그 평판 속에 머물러 있기를 택하는 군주는 그 평판을 유지하기 위해 더 큰 재산을 낭비해야 한다. 그렇지 않으면 거기에 익숙해진 사람들로부터 오히려 인색하다는 평을 받게 될지 모르기 때문이다. 결국 그런 평판을 유지하기 위해서는 모든 재산을 탕진하게 되며 그 결과 오히려 수입을 늘리기 위해 더 큰 세금을 부과할 수밖에 없다. 가난해짐으로써 그는 존경도 잃고, 세금을 올림으로써 증오까지 받게 된다. 즉, 관대함을 통해 소수에게 혜택을 준 반면 다수의 증오를 사게 된 것이다. 결국 위험을 감지하고 지금까지의 행동 방향과 반대쪽으로 돌리면 이제는 인색하다는 오명을 듣게 된다.

따라서 현명한 군주라면 관대하다는 평판을 즐겨서 스스로를 위험하게 만드는 것보다는 구두쇠라고 알려지는 것이 더 좋고, 그런 평판에 구애받지 말아야 한다. 왜냐하면 검약한 생활을 하면 세입을 절약하여 재정이 튼튼해지고 그 결과 전쟁을 벌인다 할지라도 국민들에게 부담을 주지 않게 되어 사람들은 시간이 지남에 따라 오히려 그가 결과적으로 더 관대했다는 것을 알게 될 것이기 때문이다. 그는 다수에게서 아무것도 빼앗아 오지 않음으로써 그들에게 관대하게 대한 셈이며, 소수에게 아무것도 주지 않음으로써 그들에게만 인색한 결과가 된 것이다. 그는 교황 직위를 얻기 위해서는 관대하게 베풀었지만 전쟁을 하기 위해 그러한 태도를 버렸던 교황 율리우스 2세, 오랜 근검의 결과로 국민들에게 세 부담을 주지 않고 전쟁을 벌였던 프랑스의 루이 12세와 에스파냐의 국왕 페르디난도를 예로 들며 자신의 주장에 신빙성을 더한다.

전통적으로 군주의 악덕이라고 알려져 있던 인색함이란 실상 신민의 재산을 약탈할 필요가 없게 만들어 주고, 스스로를 방어할 수 있도록 해주며, 가난에 빠져 경멸받지 않도록 해주고, 탐욕스러워

지지 않도록 만들어 주는, 한마디로 통치를 가능하게 해주는 덕성인 셈이다. 그런데 여기에서 마키아벨리는 관대함과 인색함에 대한 태도는 이미 군주가 된 사람과 군주가 되기를 원하는 사람 사이에 차이가 있어야 한다는 실질적인 조언을 덧붙인다. 이미 군주가 된 사람에게는 관대함이 해가 되지만 군주가 되기 원하는 사람은 관대하게 보일 필요가 있다는 것이다. 또한 카이사르를 비롯하여 관대하면서도 군주의 자리에 오른 사람도 있지 않느냐는 반문에 대해서도 대단히 현실적인 대답을 제시한다. 만일 군주가 자신이나 자신의 부하의 돈을 쓰게 된다면 검소해야 하지만, 다른 사람들의 돈을 쓸 때에는 조금도 아낄 필요가 없다는 것이다. 예컨대 자신의 부대와 함께 약탈을 하며 점령을 할 경우에는 군대의 사기를 위해서라도 전리품을 아낌없이 나눠 줘야 한다고 조언한다. 그것이 키루스, 카이사르, 알렉산드로스 대제 등이 사용했던 방법으로서, 그렇게 빼앗은 다른 사람들의 재산을 관대하게 나눠 주는 것은 명성을 높이는 데도 도움이 된다는 것이다. 결론적으로 군주란 모름지기 사람들로부터 경멸이나 미움을 받는 일을 경계해야 하는데, (특히 자신의 재산으로) 관대하게 베푸는 것은 그 두 가지를 함께 얻게 되는 첩경이니 조심해야 한다. 인색하다는 평판을 얻으면 불명예스럽긴 하더라도 증오까지 받지는 않는다. 그것이 관대하다는 평판으로 증오까지 받는 것보다는 낫다.

냉혹함과
인자함

　　다음으로 마키아벨리는 군주가 언제 어떻게 부하들에게
냉혹해야 할지 인자해야 할지 논한다. 이 점에 있어서도 통상적으로
군주는 인자해야 한다는 가르침을 받았을 것이나, 마키아벨리는 그
러한 상식을 거스른다. 또한 그에게 있어서 군주가 취해야 할 태도
는 언제나 동일한 것이 아니라 상황에 따라 달라져야 한다. 먼저 그
는 체사레 보르자의 예를 들어 군주에게 냉혹한 태도가 반드시 악덕
이 아님을 이야기한다. 왜냐하면 그는 냉혹했지만 로마냐를 통일하
여 복속시킨 뒤 평화와 질서를 찾아 주었다. 반면 인자했던 피렌체
사람들은 냉혹하다는 평판을 받기 싫어했던 결과, 살인과 약탈로 귀
결된 피스토이아의 파멸을 초래했다. 그렇다면 결과적으로는, 냉혹
했던 보르자가 자신의 국민들에게는 인자함을 베푼 것이고, 피렌체
사람들은 오히려 가혹했던 것이라고 말할 수 있을 것이다. 이 예에

서 마키아벨리가 도출하는 조언은 이런 것이다. "군주로서는 자신
의 국민을 통일시키고 복종시킬 수 있는 한 냉혹하다는 평을 듣는
것에 괘념하지 말아야 한다."

특히 새롭게 군주가 된 사람이라면 더욱더 냉혹한 판단에 의존해
야 한다. 왜냐하면 신생 군주국에는 언제나 더 큰 위험이 도사리고
있기 때문이다. 마키아벨리는 자신의 논지를 베르길리우스의 서사
시 『아이네이스』의 한 구절을 통해 보강한다. 새로운 영토를 보존
하기 위해 냉혹한 방법에 의존한 카르타고의 여왕 디도의 말을 인
용한 것이다.

고된 일과 새로운 통치는 나로 하여금 이렇게 처신하고
내 영토를 모든 방면으로부터 지키도록 했노라. <u>제17장</u>

군주는 냉혹하게 일을 처리해야 할 필요성이 있을지라도 동시에 신중하게 그 일을 해야 한다. 지나치게 자신감을 보여 오만하게 비쳐서도 안 되지만, 지나치게 의심이 많아서 사람들을 견디지 못하게 만들어도 안 된다. 그렇다면 군주가 해야 할 일은 자신의 행동과 신념에 대한 확신과 의심 사이의 어느 곳에 놓여 있다. 이 문제에

●●●
베르길리우스(왼쪽)는 호라티우스와 함께 아우구스투스 시대를 대표하는 로마의 시인이다. 아우구스투스 시대에 로마는 공화정에서 실질적인 제정으로 넘어갔고, 그와 함께 로마의 영광을 찬양하려는 작업도 이루어졌다. 리비우스의 『로마사』도 이 시기에 씌어졌다. 그는 로마 건국부터 자신의 시대까지 로마의 역사를 애국주의의 관점에서 서술하였다.
시인들도 비슷한 일을 했다. "카르페 디엠"이라는 시구로 유명한 호라티우스는 "지배자인 로마가 사로잡힌 그리스의 포로가 되었다."고 말했다. 그것은 그리스에 대한 찬미가 아니라 문화에 심취해 나약해진 로마인들에게 각성을 촉구하는 경구였다.
베르길리우스의 『아이네이스』도 그런 맥락으로 읽을 수 있다. 트로이가 멸망한 뒤 그 후예인 아이네아스가 고된 여정을 겪으며 이탈리아에 정착한 과정을 서술한 서사시로서 최소한 로마 역사의 기원이 트로이 전쟁으로 거슬러 올라갈 만큼 연조가 깊으며, 그 선조가 귀족이었다는 취지를 담고 있다. 트로이에서 도주하는 아이네아스(오른쪽).

대한 행동의 지침을 제시하기 위해 마키아벨리는 군주가 신민의 사랑을 받는 것과 두려움을 받는 것 사이에서 어떤 것을 선택해야 할지 문제를 제기한다.

군주가 국민의 사랑과 두려움을 모두 받는다면 최선이겠지만, 현실적으로 그것이 불가능하다면 그중 하나를 선택해야 한다. 마키아벨리는 본질적으로 '성악설'이라 말할 수 있는 관점에서 출발한다. 이것이 마키아벨리가 지탄을 받는 또 다른 이유이다. 마키아벨리가 보기에 인간은 감사할 줄 모르고, 변덕스러우며, 속이기 잘하는 거짓말쟁이에다가 위험을 무릅쓰기는 싫어하면서 탐욕스럽게 이익을 밝힌다. 그렇기 때문에 군주가 그들에게 잘해 주는 한 그들은 재산은 물론 자식들까지 내줄 것처럼 처신하지만, 사실상 그것은 실제로 그런 일이 일어나지 않으리라고 생각될 때의 겉치레일 뿐이다. 그러나 정작 실제로 그래야 할 일이 생기면 그들은 등을 돌린다. 그들의 말만을 믿은 군주는 파멸을 맛보게 될 뿐이다. 왜냐하면 탁월한 인품이나 성격이 아니라 돈으로 얻은 친분이란 정말로 얻은 것이 아니어서 실제로 필요할 때는 도움이 되지 않기 때문이다. 사람들은 두려워하는 사람보다는 사랑하는 사람들에게 해를 끼칠 때 신경을 덜 쓴다. 사랑이란 의무감을 동반하는 것이지만 인간성은 비열하기 때문에 사람은 이익과 관련된 문제가 생기면 그러한 의무감을 내팽개친다. 그러나 두려워하는 사람으로부터는 처벌을 받을 공포가 있기 때문에 그들을 쉽게 배신하지 못한다.

이런 이유로 군주는 두려움의 대상이 되는 것이 더 낫다. 그렇지만 사랑을 받지 못한다 하여 증오의 대상이 되라는 것은 아니라고 마키아벨리는 충고한다. 사람들의 증오를 받을 일로서 극구 피해야 할 것은 그들의 재산과 부녀자에 손을 대는 일이라고 마키아벨리는 대단히 실제적인 지혜를 더해 준다.

군주가 특히 더 냉혹하게 행동해야 할 때는 군대를 지휘할 때이다. 지휘자가 단호하지 않으면 군대를 통솔할 수 없기 때문이다. 이 문제에 대해 마키아벨리는 한니발과 스키피오라는 포에니 전쟁의 숙적을 예로 들어 가며 설명한다. 한니발이 여러 인종으로 구성된 대부대를 이끌고 원정에 나섰지만 내부에 아무런 분란이 없었던 것은 비인간적이라 할 정도로 냉혹한 그의 지도력 때문이었는데, 부하들은 항상 그를 존경했을 뿐만 아니라 두려워했기 때문에 그러한 통솔이 가능했다고 마키아벨리는 판단한다. 때로 한니발이 전투에서 성공을 거두긴 했지만 가혹했다고 비난하는 작가들은 그 성공의 원인이 무엇인지 제대로 통찰하지 못하고 있는 것이다.

반면 스키피오는 뛰어난 장군으로 평판이 높지만 에스파냐에서 그의 부대는 그에게 반란을 일으킨 적이 있었다. 그것은 스키피오가 자신의 부하들에게 지나치게 많은 자유를 허용하며 느슨하게 다스렸기 때문이다. 또한 자신의 부하가 점령 지역의 주민들을 약탈하여 피해를 입혔음에도 처벌하지 않아 원성을 샀다. 스키피오가 성공을 거둔 것은 그러한 관대하고 인자한 성품 때문이 아니라 원로원으로부터 엄격하게 행동하라는 명령을 받았기 때문일 뿐이라는 것이다.

여기에서 마키아벨리가 이끌어 내는 일반론은 이러하다. 군주와 신민의 관계에서 신민은 자신의 선택에 의해 군주를 사랑하지만, 군주를 두려워하게 되는 것은 군주의 선택의 결과이다. 군주라면

••• 한니발(왼쪽)과 스키피오. 로마는 이탈리아 전역을 지배한 뒤 시야를 넓혀 자연스럽게 지중해를 장악하려 했다. 당시 지중해는 거대한 해상 세력이었던 카르타고가 지배하고 있었기 때문에 로마와 카르타고의 충돌은 불가피했다. 지중해 패권을 두고 거의 120년 동안 세 차례에 걸쳐 벌어진 전쟁이 포에니 전쟁이다.
한니발과 스키피오는 각기 카르타고와 로마를 대표하는 장군이었다. 첫 번째 전쟁에서 로마가 승리를 거둬 시칠리아를 수중에 넣었다. 이에 복수하기 위해 벌어진 제2차 전쟁에서 한니발은 보병과 기병은 물론 코끼리까지 동원하여 알프스 산맥을 넘어 진군하여 로마에 대승을 거뒀다. 위기에 몰린 로마의 스키피오는 카르타고 본국을 공격했다. 한니발은 어쩔 수 없이 귀국할 수밖에 없었다. 그러나 이번에는 한니발의 작전이 먹히지 않아 패배할 수밖에 없었고, 결국 그는 독약을 마시고 자결했다. 세 번째 전쟁에서 카르타고는 완전히 멸망했다.

오로지 자신의 선택에 따라 행동해야 하기 때문에 군주는 두려움을 받도록 행동해야 한다는 것이다.

여우와
사자

　다음으로 마키아벨리는 군주가 약속을 정직하게 지켜야 하는 지 아니면 국가를 다스리는 것처럼 위대한 일을 성취하기 위해서는 약속을 지키지 않고 술책을 부려도 무방한 것인지 묻는다. 물론 전통적으로 정직함을 지킨다는 것은 칭찬을 받아 온 가치이다. 그럼에도 불구하고 또다시 마키아벨리는 상식과는 달리 기민하게 사람들의 마음을 조정하면서 약속을 지키는 데 크게 구애받지 않던 사람들이 충직했던 사람들에 비해 성공을 거둬 왔다는 지혜를 전한다. 이것은 르네상스 시대에 나타나기 시작했던 인간의 기지에 대한 믿음과도 맥락을 같이한다. 앞서 이야기한 바 있었지만, 마키아벨리의 희곡 『만드라골라』의 주인공도 계책을 부려 멍청한 남편을 둔 아름다운 여자의 사랑을 얻는다. 이러한 주제는 보카치오의 『데카메론』에서도 두드러지게 나타난다.

싸우는 방식에는 두 가지가 있습니다. 하나는 법으로 싸우는 것이고, 다른 하나는 힘으로 싸우는 것입니다. 인간만이 법으로 싸울 수 있지만, 때로는 인간도 짐승처럼 힘으로 싸워야 할 때가 있습니다.

제18장

여기에서 군주는 그 두 가지의 싸우는 방식을 모두 잘 알아야 한다. 고대 신화에서 아킬레우스를 비롯한 장수들이 반인반마인 켄타

조반니 보카치오(왼쪽)와 1492년 베네치아에서 출간된 데카메론의 표지. 보카치오는 단테의 『신곡』에 대비되는 '인곡'으로 명성 높은 『데카메론』의 작가로 널리 알려져 있으며, 단테, 페트라르카와 함께 이탈리아 르네상스 문학을 이끌었다. 페트라르카의 제자이자 친구였던 그는 작가로서뿐 아니라 고대 필사본 수집가로서도 고대를 부흥시키려는 르네상스 정신을 구현했다.
그는 유명한 여인들에 대한 열전을 낼 정도로 여인들에 대해 관심이 많았다. 그 여인들은 지옥 같은 세상을 교묘한 처세술로 영위하며 즐기는 삶을 살던 사람들이었다. 여인들에 대한 그러한 관점은 1348년 피렌체를 휩쓴 페스트로부터 도피한 남자 3명과 여자 7명이 나눈 이야기라는 『데카메론』에 등장하는 여인들로도 이어진다. 대체로 그 여인들에게는 애인이 있다. 우둔한 남편을 비웃듯 그들은 불륜을 벌인다. 낌새를 챈 남편의 추궁에 대해서는 기지를 발휘하고 영리한 논리를 이용하여 오히려 남편을 타박하며 궁지로 몰아넣는다. '인간 정신의 재발견'과 '현세의 긍정'이라는 르네상스에 대한 정의의 한 측면을 보고 있다는 느낌을 강하게 받는다. 그것이 근대의 여명을 비춘 보카치오의 한 면모일 것이다.

●●●
아킬레우스를 가르치는 케이론. 반인 반마인 켄타우로스는 술을 좋아하고 호색적이며 폭력적인 괴물이다. 그러나 그 우두머리인 케이론은 지적이고 교양이 높고 특히 의학 지식이 풍부한 것으로 알려져 있다. 게다가 궁술과 사냥과 음악에도 조예가 깊다. 아킬레우스 외에 고대 그리스의 의신인 아스클레피오스도 그의 제자였다고 전해진다.

우로스의 우두머리인 케이론에게서 양육되었다고 하는 것은 군주가 그 두 가지 싸움의 방식에 모두 능통해야 한다는 것을 상징적으로 표현한 것이다.

군주가 짐승들의 싸우는 법을 잘 이용하기 위해서는 특히 여우와 사자를 택해야 합니다. 사자는 함정에 빠지기 쉬운 반면 여우는 늑대에게 무방비로 당합니다. 따라서 여우가 되어 함정을 알고 사자가되어 늑대를 물리쳐야 합니다. 제18장

바꾸어 말해 군주는 전투력에 술책을 겸비해야 한다는 것이다. 사자처럼 살기만 하면 사물의 핵심을 꿰뚫어 보지 못한다. 적절한 술책을 부릴 줄 알아야 하며, 그 방편의 하나는 약속을 지켜야 할

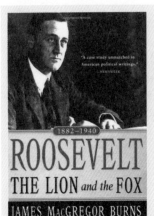

"여우와 사자"라는 문구는 정치가가 지켜야 할 표상인 것처럼 정착하기도 했다. 프랭클린 루즈벨트에 대한 연구서를 그 한 예로 들 수 있다. 미국의 제32대 대통령이었던 그는 미국 국민을 이끌고 20세기 미국의 큰 위기였던 대공황과 제2차 세계대전을 넘어섰다. 그는 미국에서 유일하게 네 차례 대통령에 당선된 인물이기도 하다. 그에 대한 명망 높은 연구서에는 "사자와 여우"라는 부제가 달려 있다. 자신의 정책을 수행해 가는 과정에서 사자로서의 존엄도 잃지 않으면서 여우처럼 주변에 널려 있던 함정을 잘 피해 간 정치가였다는 것이다.

이유가 사라져서 약속을 지키는 것이 더 이상 도움이 되지 않는다면 약속을 지키지 말아야 한다는 것이다. 그 이유도 마키아벨리가 보기에 인간은 원래 가련한 존재이기 때문이다. 그들이 약속을 지키지 않는데 굳이 그들에게 약속을 지켜야 할 필요가 없다는 것이다. 더구나 군주는 약속을 지키지 않아도 될 이유를 언제나 찾을 수 있다. 수많은 군주들이 평화조약이나 약속을 무효로 만들어 온 예는 무수히 많은데, 오히려 그렇게 거짓말을 잘한 위선자들이 군주로서 성공을 거둬 왔다. 게다가 군주가 속이려 할 때 사람들은 자신의 현실적인 필요에 따라 기꺼이 속을 준비가 되어 있기도 하다. 교황 알렉산데르 6세는 사람들의 이러한 속성을 간파하고 있었기 때문에 언제나 자신의 계획에 따라 술책을 부리고 약속을 지키지 않았어도 성공을 거둘 수 있었다.

수사학적
전통

여기에서 마키아벨리는 또다시 전통적으로 군주가 지녀야 할 품성이라고 여겨지던 덕목들을 지키지 않아도 될 필요성에 대해 논한다. 바로 이런 면모 때문에 마키아벨리는 가장 큰 오명을 쓰게 된 것이기도 하다. 그는 인자함, 성실함, 인간적임, 솔직함, 독실함 등등과 같은 덕목을 소유하는 것은 필요하지 않고 단지 그런 것들을 소유한 것처럼 보이는 것만이 필요하다고 논한다. 더 나아가 그런 덕목을 갖추고 있는 것처럼 보이는 것은 도움이 되지만, 그런 덕목을 진실로 받아들여 그에 맞추어 행동하는 것은 오히려 해가 된다고도 한다. 이것은 특히 새로이 군주가 된 사람이 자신의 국가를 유지하려면 유념해야 할 일이다. 즉, 약속을 지키지 말고, 친절과 자비를 베풀지 말고, 독실한 행동을 하지 말아야 한다는 것이다. 해야 할 것은 운명의 바람이 부는 대로, 상황의 변화가 명하는 대로 행동하는 것이며 필요에 따라서는 악행도 저질러야 한다.

궁극적으로 군주는 인자하고 믿음을 주고 성실하고 친절하며 독실하게 보여야 한다. 그중에서도 특히 독실하게 보여야 한다는 것을 마키아벨리는 강조한다. 마키아벨리에 따르면 사람들은 자신의 손보다 눈을 믿는다. 어떤 대상을 볼 수 있는 사람들은 많지만 그것을 직접 접촉할 수 있는 사람들은 별로 없기 때문이다. 사람들마다 군주가 겉으로 드러나는 것을 볼 뿐 군주의 본질을 직접 겪을 수 있는 사람은 별로 없다. 그 몇 안 되는 사람들조차 많은 사람들의 견해에 감히 반대하지 못한다. 이런 이유로 군주에게는 자신의 본질보다는 사람들에게 보이는 외양이 중요할 뿐이다.

이미 논한 바 있듯 마키아벨리 스스로 『군주론』의 서론에서 그 책을 "많은 저자들이 책을 쓰고 장식하면서 익숙하게 사용하는 화려한 문장이나 거창하고 멋진 단어나 다른 종류의 수사학적인 과잉의 치장으로" 채우지 않았다고 서술했다. 바꾸어 말하면, 마키아벨리 자신의 그러한 언급에도 불구하고 이 책이 르네상스 시대의 지배적인 정신이라고 말할 수 있는 수사학적 전통에서 벗어나지 않았다고 말하는 이유는 본질보다는 그 외양을 강조한 사실에 있다. 이제 마키아벨리의 그러한 태도가 왜 수사학의 전통에 배태되어 있었던 것인지 살펴볼 차례다.

본디 철학의 언어는 논리학이다. 그것은 엄정한 논증의 과정을 거쳐 어떤 명제가 참인지 거짓인지를 밝히는 것을 목적으로 한다.

그렇기에 거기에는 명제를 내세운 본인이건 타인이건 그들의 시선과 상관없이 명제의 논리적 건전성에 의해 참과 거짓이 밝혀진다. 반면 수사학의 언어는 설득을 목적으로 한다. 마치 시장터의 상인들 사이에서 자신의 물건을 팔기 위해 손님의 더 큰 관심을 끌려고 하는 종류의 언어이다. 거기에서는 옳고 그름이 중요한 것이 아니라 타인의 마음을 어떻게 자신에게 이끌어 들이는가 하는 것이 중요하다. 따라서 이 언어에서는 어떤 대상이 본질적으로 어떠한 것인가가 아니라 어떻게 보이는가가 중요하게 부각된다. "우리는 (타인에게) 보인다. 고로 존재한다." 이러한 것이 수사학의 언어이고, 그것이 르네상스 시대의 기본적인 세계관이었다.

●●●
발다사레 카스틸리오네.
이탈리아 중북부에 위치한 우르비노라는 작은 도시가 르네상스 시대에 고도로 발전한 궁정 문화를 보여 준다. 15세기에 이 도시의 지배자인 몬테펠트로 공작은 바티칸에 버금가는 도서관을 지었고, 오늘날까지 건축의 걸작으로 꼽히는 궁정에서 인문학자들과 교류를 즐겼다.
이 도시가 배출한 가장 유명한 인물은 화가 라파엘로지만, 그에 못지않게 우르비노의 문화적 위상을 드높인 자로 발다사레 카스틸리오네가 있다. 외교관으로 탁월한 능력을 보였던 그를 오늘날 우리는 『궁정신하론』이라는 저서로 기억한다. 궁정에서 생활하는 귀족들의 행동 지침을 다룬 이 책은 우르비노의 문화적 품격을 엿보게 해주는 한편, 교양인으로 추구해야 할 이상적인 삶의 상을 이탈리아에서 알프스 이북의 유럽으로 확산시켜 중세 이래 전사였던 귀족들을 신사로 바꾸는 데 기여했다.

르네상스 시대 궁정 문화의 정수를 표현하면서 큰 영향력을 미쳤던 발다사레 카스틸리오네는 『궁정신하론』에서 이렇게 말한다. 궁정의 신하는 자신이 "어디에 있는가, 누구의 면전에 있는가를 기억하고, 자석이 쇠를 끌어당기듯 보는 사람들의 눈을 자신에게 끌어낼 수 있는 합당한 의장과 적절한 자세와 재치 있는 기지"를 갖고 자신을 보여야 한다는 것이다. 이러한 세계에서 모든 중요한 것은 보는 사람의 눈 속에 존재한다. 계산적으로 꾸민 태도로 남들에게 잘 보이도록 꾸미는 것, 그것이 바로 르네상스 시대의 기본적인 태도이며 마키아벨리의 『군주론』도 이런 점에서 그 범주에 속하는 것이다.

국가
이성

군주는 악행을 저질러도 무방하다는 생각은 어떻게 합리화될 수 있을까? 그것은 군주는 국가를 다스리는 위대한 일을 하기 때문에 보통의 사람들에게 적용되는 도덕적 규범을 초월한다는 논리이다. 즉, 국민 전체의 안위와 번영이 군주의 행동에 따라 결정되므로, 군주의 의무란 개인적인 도덕을 넘어 어떠한 대가를 치러서라도 국가를 수호하고 승리를 거둬들여야 한다는 것이다. 예를 들어 한 가장이 자신의 가족을 먹여 살리기 위해 도둑질을 했을 경우 그는 도덕적인 지탄을 넘어 법의 규제까지 받는다. 그런데 몇백 만의 국민이 굶주리고 있기 때문에 그들을 구하기 위한 조치를 취해야 할 때 그 조치에 냉혹함이 뒤따르고 약속을 무시할 수밖에 없는 상황이 생기면 어떻게 해야 할 것인가? 실제로 피렌체의 역사에서 피렌체가 생존을 위해 무역을 해야 하고, 그것을 위해 피사를 점령하는 제국주의 정책을 펼쳐야 했을 때 그것이 도덕률에 위배된다고 회피해야 했을까? 사실 그것은 마키아벨리 시대는 물론 그 이전과 이후에도 현실 정치에서 용인되어 왔던 행동이다.

마키아벨리에게 있어서 국가는 궁극적으로 그 자체의 생존이 목적이 되었고, 그러한 목적을 위해 다른 모든 것들은 무시되어도 상관없었다. 국가가 존립해야 국민이 생존을 영위할 수 있기 때문에 군주의 최고의 목적은 국가를 건강하게 유지하는 것이다. 마키아벨리가 누차에 걸쳐 국가 자체를 지탱하는 것의 중요성을 강조하는 데는 이런 이유가 있다. 이러한 생각은 '국가 이성'이라는 한마디로 요약될 수 있다. 개인으로서 그 자신의 부나 권력을 위해서가 아니라 국가 전체의 이익을 얻기 위한 행동이라면 그것 자체가 최고의 선이며, 거기에는 통상적인 도덕규범을 넘어서는 다른 종류의 도덕성이 적용되어야 한다는 것이다. 확실히 이것은 그 최고의 목적을 위해서는 어떠한 수단도 정당화될 수 있다는 주장이었다.

이러한 생각에 전제가 되는 것은 마키아벨리의 시대에 군주는 곧 국가와 동일시되었다는 것이다. 이러한 측면에서 본다면 마키아벨리의 『군주론』은 어떤 특정의 군주에게 조언하는 지침서라기보다는 국가의 화신으로서 군주를 바라보며, 그 국가의 부국 강병책을 도모하려는 일반적인 원리를 천명하려던 시도라고 볼 수 있을 것이다.

이후 국가 이성의 개념은 조반니 보테로와 같은 사상가의 저서를

통해 널리 확산되었다. 즉, 국가의 목적에 부합하는 수단을 찾아내는 통치 원리를 찾기 위해 국가 이성의 본질이 무엇인지 규명하려는 학문적 논쟁이 촉발되어 근대의 새로운 정치학의 장을 열게 되었다는 것이다. 즉 도덕이나 의무의 관점에서 통치를 바라보는 것이 아니라 통치술 그 자체의 효율성만을 고려하는 정치 이론들이 등장했고, 크게 보아 그것은 마키아벨리의 논지를 계승하고 있는 것으로 볼 수 있다.

6
현실적인 조언들

경멸과 증오를
피하는 법

이제 마키아벨리는 군주가 자신의 국가를 안전하게 지키기 위해 해야 할 현실적인 일들에 대해 조언한다. 그 조언은 내용의 중요성에 따라 어떤 것은 설명이 장황하고 어떤 것은 간략하다. 여기에서 마키아벨리가 가장 공을 들여 설명하는 내용은 군주가 경멸과 증오를 피하는 방법에 대한 조언이다. 왜냐하면 군주가 가장 피해야 할 일은 자신의 군대나 신하들로부터 경멸이나 증오를 받는 것이기 때문이다.

군주가 가장 경멸을 받도록 만드는 것은 탐욕스러워서 신민의 재산이나 여자를 빼앗는 것입니다. 그것을 경계해야 합니다. 대다수 사람들은 재산과 명예를 빼앗기지 않는 한 행복하게 삽니다. <u>제19장</u>

특히 여자를 빼앗기는 일을 강조하는 이유는 사람들은 자신의 여자를 빼앗기는 일을 명예와 관련된 일이라 생각하므로 그와 관련된 피해를 보는 경우 상대방에 대한 증오와 경멸이 강해지기 때문이다.

군주가 변덕스럽고 경박하고 나약하고 우유부단하게 보이면 경멸받기 쉽다. 따라서 그는 당당하고 용감하고 진지하고 강인하게 보이도록 해야 한다. 신민들에게 그가 내린 판결은 단호해서 철회될 수 없다고 인식시켜야 한다. 그래야지만 누구도 그를 속이거나 기만을 부릴 생각을 갖지 못한다. 다시 강조하지만 그는 신민들에게 뛰어난 인물이며 존경받고 있다는 인상을 심어 줘야 한다는 것이다. 그래야지만 그에 대한 음모를 꾸밀 생각조차 갖지 못한다.

군주는 신민들에 대한 국가 내부적인 문제와 외부적 문제에 대해 걱정을 가질 수 있다. 그 둘은 서로 관련을 맺고 있다. 잘 무장한 군대와 좋은 우방을 갖고 있으면 외세에 대해 걱정할 필요가 없다. 그런데 잘 무장한 군대를 갖고 있으면 우방은 저절로 생긴다. 그렇게 외부적인 걱정이 사라지면 내부는 안정이 된다. 그렇지만 단지 음모가 존재하지 않는다는 전제에서 마키아벨리는 음모를 막기 위한 방편이라는 다른 주제로 이동한다. 외부의 조건에 변화가 없을 때에도 내부적으로는 음모가 생길 수 있는데, 그것에 잘 대처하는 방법은 경멸과 증오를 받지 않도록 하는 것이다. 더구나 다수의 증오를 받지 않도록 하는 것이 가장 중요하다.

이러한 해결책은 음모라는 행위의 성격을 고려하면 당연한 귀결로 보인다. 음모는 혼자서 꾸밀 수 없는 것으로서, 불만을 가진 자들의 협조를 얻어야 한다. 그들은 불만을 해소시킬 기회를 얻는 것이기에 협조하지만, 음모의 계획은 언제나 불확실하고 위험으로 가득 차 있기 때문에 군주의 확고한 적이거나, 음모가의 확실한 친구만이 가담할 수 있다. 이렇게 본다면 음모를 꾸미는 일은 음모가들의 경우에는 두려움과 질투와 실패했을 때의 처벌에 대한 공포로 가득 차 있는 것인 반면, 군주로서는 오히려 국가의 위엄과 동맹국의 지원과 법과 제도의 정비를 꾀할 수 있는 기회가 된다. 거기에다가 국민의 호의까지 얻을 수 있다면 그 군주는 더 이상 음모를 두려워하지 않아도 된다. 반면 국민이 적대적이라면 군주는 어떤 도피처도 구할 수 없게 된다.

또다시 마키아벨리는 음모에 관한 자신의 논점을 강화시켜 줄 여러 사례를 제시한다. 첫 번째는 음모를 통해 살해된 볼로냐의 군주 안니발레 벤티볼리오의 이야기이다. 국민의 두터운 신망을 얻고 있던 그가 칸네스키 가문의 음모로 살해되자 사람들이 들고 일어나 칸네스키 가문의 사람들을 죽이고, 먼 곳에 살고 있다는 소문만 돌던 벤티볼리오 가문의 친척을 찾아내 갓난아이인 군주의 아들 조반니를 대신해 그에게 통치를 맡겼다. 이후 조반니가 성년이 될 때까지 그가 볼로냐를 다스렸다. 이렇듯 국민의 신망을 받고 있는 군주는 음모에 대해 걱정을 할 필요가 없다.

안니발레 벤티볼리오. 벤티볼리오 가문은 르네상스 시대에 볼로냐 지역을 지배하며 그 도시 국가의 정치적 자율성을 확립시켰다. 원래 벤티볼리오 가문은 이탈리아에서 황제파와 교황파가 권력 투쟁을 벌이던 시기에 교황파에 속했다. 그러다가 안니발레의 주도로 볼로냐는 교황에 반기를 들었고, 그것 때문에 교황의 지지를 얻던 바티스타 칸네스키에 의해 살해되었다. 안니발레가 살해된 후 볼로냐는 산티 벤티볼리오가 다스리다가 조반니가 성년에 도달한 1462년에 그에게 권력을 넘겨줬다.

군주가 국민들과 관련하여 신망을 쌓아야 할 이유로서 마키아벨리가 들고 있는 다른 예는 프랑스의 '고등법원'이라는 제도이다. 프랑스의 국왕 루이 9세가 도입한 이 제도는 귀족과 평민들 사이에서 세력의 균형을 잡아야 하는 군주에게 유익한 기관이며, 군주가 처신할 방도에 관해 중요한 교훈을 던져 주기도 한다. 중세의 왕국에서 국왕에 위협이 되는 것은 언제나 강력한 귀족 세력이었다. 그들은 평민에게 억압을 가하기도 하는데 국왕으로서는 귀족 세력을 억제하면서 평민을 보호하기 원한다. 그렇지만 그 과정에서 귀족의 미움을 사는 것은 위험하다. 역으로 귀족을 옹호한다고 보여서 평민의 미움을 사는 것도 피해야 할 일이다. 고등법원이 도입된 것은 이런 필요에 의해서였다. 즉, 제3의 기관을 만들어 귀족을 견제하고 평민을 보호하면서 국왕은 거리를 두고 있도록 만들었던 것이다. 여기에서 마키아벨리는 또 다른 중요한 일반적 교훈을 이끌어 낸다.

군주는 불유쾌한 의무는 다른 사람들에게 맡기되 즐거운 일은 스스로 베풀어야 한다는 것입니다. 또다시 결론을 내리자면 군주는 귀족을 존중해야 하지만 평민에게 증오를 받으면 안 됩니다. 제19장

다음으로 마키아벨리는 로마의 여러 황제들이 성공을 거두고 실패를 한 요인들을 살펴보며 군대를 비롯한 부하들의 존경을 받고 경멸과 증오를 피하는 일이 얼마나 중요한지 논증한다. 마키아벨리가 논하고 있는 로마의 황제들은 마르쿠스 아우렐리우스로부터 막시미누스까지, 즉 161년부터 238년 사이의 황제들에 해당한다. 프랑스 왕국에 비해 로마 황제들의 경우에는 고려해야 하는 요인이 추가되기 때문에 살펴봐야 할 필요가 있다. 프랑스의 군주는 귀족과 평민 사이에서 세력 균형을 맞추는 것으로 족했지만, 로마의 경우에는 잔인하고 탐욕스러운 군인들을 다루어야 하는 또 다른 어려운 문제가 있었다. 그것이 어려운 이유는 그들의 관점이나 이해관계가 평민들과 상충하기 때문이다. 즉 평민은 평화로운 삶을 원해 온건한 군주를 좋아하는 반면 군인은 오만하고 탐욕스러우며 자신들의 급료를 올려 줄 군주를 원한다. 군주는 양쪽의 욕구를 동시에 채워 주기 힘들며, 그것이 로마 황제들의 몰락 요인이 되는 경우가

많았다.

마키아벨리는 이런 상황에서 군주가 해야 할 대단히 실제적인 지혜를 제시한다. "군주가 누군가로부터 미움을 받지 않을 수 없다면 집단으로부터 미움을 받지 않도록 애쓰는 것이 중요하며 특히 가장 강력한 집단의 미움은 피해야 합니다." 그런 이유로 황제들 중에서 특히 새로 제위에 오른 사람들은 평민보다는 군인들의 호감을 사려고 했다. 군인들에게 좋게 대우해 주었음에도 불구하고 궁극적으로 그들의 성공 여부는 그들로부터 지속적인 평판을 유지할 수 있는가에 달려 있다.

마키아벨리는 이제 로마 황제들에 대한 개별적인 평가로 들어간다. 먼저 세 명의 황제 마르쿠스 아우렐리우스, 페르티낙스, 알렉산데르에 대해 논한다. 그들의 공통점은 정의롭고 인자하며 절제하는

●●●
마르쿠스 아우렐리우스는 161년부터 180년까지 재위했던 로마의 황제다. 그는 '로마의 평화' 시대를 이끌었던 5현제 중의 마지막 황제로서 로마제국 내에 정의와 질서를 유지했다는 평판을 받는다. 그는 스토아학파를 대표하는 철학자로도 명성이 높다. 그의 대표적인 저서 『명상록』은 갈등 속에서도 마음속의 평정을 추구하는 것을 목표로 삼는다.

삶을 살았다는 것이다. 도덕적으로 지탄받지 않는 삶을 살았는데도 마르쿠스 아우렐리우스만 명예로운 삶을 살았을 뿐 나머지 둘은 살해되었다. 그 이유는 마르쿠스 아우렐리우스는 황제의 자리를 세습으로 물려받아 군인들에게 신세를 진 일이 없었고, 대단히 존경받는 성품을 지녀 경멸이나 미움을 받지 않았기 때문이다.

반면 페르티낙스는 군인들의 뜻에 거슬렀다. 군인들은 이전 황제 콤모두스 밑에서 방종한 생활에 익숙해 있었는데, 페르티낙스는 그런 점을 고려하지 않고 그들에게 규율을 지킬 것과 절제 있는 삶을 강요하여 불만을 샀다. 결국 그는 황제의 자리에 오른 지 얼마 지나지 않아 근위대에게 피살되었다. 여기에서 얻을 수 있는 교훈이란, 페르티낙스가 도덕적으로는 결함이 없다 할지라도 상황을 고려하지 않은 결정을 함으로써 결과적으로 자신의 권력을 유지하지 못했다는 것이다. 즉, 권력을 유지하는 데 도움이 될 집단이 타락해 있다면 그들의 성향에 맞춰 행동할 필요가 있다는 것이다.

이러한 교훈은 알렉산데르 황제에게서 더욱 극명하게 드러난다. 그는 청렴한 것으로 평판이 높았다. 재위한 14년 동안 재판을 통하지 않고 처형한 사람이 한 명도 없을 정도로 칭송이 자자했지만, 그는 어머니 품 안에 있는 유약한 인물이라는 세평 때문에 경멸을 받았고 결국 피살되었다.

반면 잔혹하고 탐욕적인 황제들의 경우에도 그들의 결말은 각양각색이었다. 콤모두스, 세베루스, 안토니누스 카라칼라, 막시미누

스가 그들인데, 세베루스를 제외하고는 비참하게 생애를 마쳤다. 마키아벨리는 비슷한 성품인데도 성공을 거둔 세베루스의 사례를 높이 평가하며 성공적인 황제의 모범으로서 그의 삶을 길게 소개한다. 마키아벨리는 그가 여우와 사자의 기질을 적절하게 융합하여 힘과 술수를 적절하게 사용한 인상적인 군주라고 말한다. 그는 군인 출신으로 황제의 자리에 오른 신생 군주이다.

페르티낙스가 근위대에 살해당한 뒤 그는 복수를 하자고 슬라보니아에 있던 자신의 군대를 설득했다. 황제가 되고자 하는 속셈을 숨긴 채 군대를 이끌고 서둘러 이탈리아로 진군했다. 원로원에서는 그를 두려워하여 페르티낙스 암살 이후 황제가 된 율리아누스를 제거하고 그를 황제로 선출했다. 그 뒤 세베루스는 제국 전체를 지배하기 위해 두 명의 적을 상대해야 했다. 페르티낙스 사망 이후 동쪽의 아시아에선 페스켄니우스 니게르가, 서쪽에선 알비누스가 각기 제국의 황제임을 선포했다. 이 둘과 동시에 전쟁을 벌일 수는 없다고 생각한 세베루스는 한 사람과 전쟁을 벌이고 다른 사람은 속이기로 작정했다. 그리하여 알비누스에게는 부황제의 칭호를 보내며 공동으로 다스리자고 무마한 뒤 페스켄니우스 니게르를 공격하여 그 지역을 평정했다. 그런 뒤 다시 핑계를 만들어 알비누스를 공격하여 섬멸했다. 이를테면 세베루스는 사자의 힘과 여우의 술책을 모두 사용함으로써 사람들의 사랑과 존경을 얻은 신생 군주였기 때문에 큰 제국을 지배할 수 있었다는 것이다.

반면 안토니누스 카라칼라는 강건한 전사로서 군인들의 존경을 받긴 했지만 지나치게 야만적이고 잔인한 행동을 하여 결국 부하에게 암살되었다. 그가 저지른 결정적인 실수는 측근인 백인대장(centurion)의 형을 죽인 뒤 그에게도 계속 모욕을 주면서 자신의 경호를 맡긴 일이었다. 죽음을 두려워하지 않는 자라면 누구든지 자신의 죽음을 무릅쓰고 군주를 암살하려는 시도를 꾀할 수 있다. 따라서 측근에게는 심하게 피해를 입히거나 모욕을 주는 행동을 하지 말아야 한다고 마키아벨리는 논한다.

콤모두스는 선친 마르쿠스 아우렐리우스의 후광만 이어받았어도 지위를 유지할 수 있었으나, 천성적으로 잔인하고 경박했다. 그는 종종 검투사들과 스스로 겨루기까지 함으로써 황제의 품위를 손상하여 군인들의 경멸을 받았다. 결국은 그도 음모에 의해 살해되었다. 막시미누스는 트라키아의 목동 출신이라는 비천한 신분 때문에 경멸을 받았다. 게다가 잔인한 성격까지 알려지게 되자 도처에서 반란이 일어나 결국 자신의 군대에 의해 살해되었다.

마키아벨리는 자신이 살고 있는 시대의 군주는 로마 시대의 황제보다 형편이 낫다고 생각한다. 왜냐하면 로마제국에서는 군대가 오랫동안 한 지역에 주둔하면서 행정까지 담당하고 있어 막강한 세력을 갖고 있었다. 따라서 그들의 호의를 사는 것이 중요했고, 중요한 만큼 힘들었다. 군인보다 평민의 세력이 강한 마키아벨리 시대에는 무절제한 방식까지 동원하여 군인들의 환심을 살 필요가 없다. 그러나 여전히 군사력이 강한 투르크와 비슷한 이슬람교 국가의 군주들은 국가를 다스리기 위해서는 군인들의 충성을 유지해야 하기 때문에 그들에게 잘 대해야 할 필요가 있었다. 마키아벨리는 술탄이 다스리는 이슬람 국가는 자신의 분류에 맞지 않는 예외적인 국가임을 인정해야 한다며 로마제국의 황제를 모방하려고 하는 신생국가의 군주에게 결론적인 조언을 제시한다. 그것은 권력을 장악해 가는 과정에서는 세베루스처럼, 즉 사자의 힘과 여우의 꾀를 적절하게 사용하되 권력을 획득한 뒤에는 마르쿠스 아우렐리우스처럼 사람들의 존경을 얻으며 영광을 누리라는 것이다.

3세기 로마제국의 위기

마키아벨리는 황제들을 성격별로 분류하고 그에 따라 설명을 함으로써 황제들 사이의 시간적인 순서를 모호하게 만들고 있다. 전반적으로 마르쿠스 아우렐리우스 이후 로마제국은 3세기에 위기를 맞게 되었다. 그에 대한 설명이 마키아벨리가 논하는 로마 황제들의 계보와 그들 사이의 관계를 파악하는 데 도움이 될 것이다.

마르쿠스 아우렐리우스는 뛰어난 철학자였지만, 당시 로마제국은 어려운 시기여서 페르시아와의 전쟁과 두 차례에 걸친 게르만인들과의 전쟁에 시달렸고, 흑사병까지 창궐했다. 그는 빈 근처 다뉴브 강가에서 사망했다. 그의 아들 콤모두스는 무능하고 잔인했다. 그는 게르만 침입자들에게 관대한 조건으로 강화 조약을 맺음으로써 군대의 반발을 불렀다. 더구나 전쟁에도 무관심했다. 결국 폭동이 일어나 살해되었다.

이후 페르티낙스가 즉위한 뒤 곧 살해당하는 등 로마제국은 혼란에 빠지나, 북아프리카의 장군이었던 세베루스가 다뉴브 강에 주둔한 군대의 도움을 받으며 황제의 자리에 올랐다. 그는 귀족 출신도 아니었고 제국 전체의 문제에도 관심이 없었다. 그는 군인의 봉급을 올려 그들의 환심을 사고, 자신이 총애하던 인물로 관료들을 채웠다. 그의 관심사는 자신의 가문에서 황제를 유지해 나가려는 것이었다. 그가 영국 북부 요크에서 사망한 뒤 그의 아들 카라칼라와 손자 알렉산데르는 모두 암살되었다.

알렉산데르가 암살당한 뒤 황제의 자리는 군인 아니면 최소한 군부의 지원을 받는 사람이 오를 수 있었다. 그러나 국경의 수비는 오히려 약화되었다. 누구나 자신의 군대에게 환심을 사서 인기를 얻으면 황제의 자리에 오르기를 꿈꿔 내란이 계속되었기 때문이다. 트라키아 목동 출신의 막시미누스는 자신의 약점을 무마하기 위해 군대의 급료를 두 배로 올려서 오히려 취약한 제국의 경제를 더 큰 위기로 몰아넣었다.

무장, 파벌,
요새

　다음으로 마키아벨리는 국민을 무장시켜야 하는가, 점령한 지역에는 파벌을 만드는 것이 좋은가, 국토의 방어를 위해 요새를 건설하는 것이 좋은가 등등의 구체적인 문제에 대한 조언으로 들어간다. 마키아벨리는 이런 문제들에 대해 가능한 한 일반적인 원칙을 기준으로 언급하겠다고 밝히고 있다. 그렇지만 이 경우에도 그가 말하는 일반적인 원칙이란 상황과 경우에 따라 대처하는 방식이 달라야 한다는, 지극히 현실적인 것이다.

　먼저 무장의 문제이다. 보통 군주는 국민을 무장시킨다. 그렇게 함으로써 그들의 충성을 다지고 강화시킬 수 있기 때문이다. 모두를 무장시킬 수 없을 경우에 무장을 시킨 사람들을 우대하면 그들은 더 큰 충성을 바칠 것이며, 무장을 하지 못한 사람들도 그들이 더 위험한 일을 한다는 것을 용납할 것이다. 그러나 국민의 무장을 해제시

키면 군주가 그들을 의심한다고 생각하거나 군주가 비겁하고 나약
하다고 생각할 우려가 있다. 이런 이유들로 신생 군주는 언제나 국
민들을 무장시켰다. 그러나 마키아벨리는 거기에도 예외가 있어야
한다는 사실을 강조한다. 즉 다른 나라를 점령하여 다스리게 되었
을 경우 그곳에서 당신의 심복이 되어 도와준 사람들을 제외하고는
무장을 해제시켜야 하나, 도와준 사람들로부터도 점차 무기를 회수
하고 자기 국민의 군대로 대체해야 한다는 것이다.

　새롭게 점령한 지역에는 파벌을 조성하는 것이 다스리는 데 유리
하다는 속설이 있었다. 그러나 이 문제에 대해 마키아벨리는 파벌
로 인한 분열은 결코 통치에 도움이 되지 않는다고 단호하게 말한
다. 왜냐하면 파벌로 나뉜 국가에서 세력이 약한 파벌은 언제나 침
략자들과 결탁하기 쉬워서 결국 적군에 의해 쉽게 무너질 빌미를
주기 때문이다. 마키아벨리는 자신들이 점령한 도시에 교황파인 겔
프파와 황제파인 기벨린파의 파벌을 조성하여 스스로 내부 분란을
일으켜 단결하지 못하게 만들었던 베네치아 공화국의 예를 든다.
궁극적으로 그 정책은 베네치아에도 도움이 되지 않았다. 베네치아
의 나약함을 간파한 국가들이 반란을 일으켜 영토를 모두 탈환해
갔기 때문이다. 파벌을 만드는 정책은 평화 시에는 어느 정도 유용
성을 인정할 수 있지만, 전시에는 쓸모가 없다는 것이 마키아벨리
의 결론이다.

　다음으로 마키아벨리는 위기를 기회로 이용하는 법에 대해 논한

●●●
카노사의 굴욕. 황제 하인리히 4세가 교황 그레고리우스 7세에게 맨발로 용서를 빌고 있다.

11세기부터 교황과 신성로마제국의 황제는 성직자 집단을 자기 편으로 끌어들이기 위해 투쟁을 벌였다. 그것이 '서임권 투쟁'이라는 결과로 나타났다. 성직자를 누가 그 직에 임명할 수 있는지 그 권리를 두고 교황과 황제가 다툼을 벌인 것이다. 성직자 집단이 임명한 사람에게 충성을 바치리라는 사실이 전제가 되어 있다. '카노사의 굴욕'이라고 알려져 있는 사건에서 이 투쟁은 절정에 도달했다. 황제 하인리히 4세가 교황 그레고리우스 7세의 파문 조치에 굴복하여 사흘 동안 카노사의 성문 밖 눈밭에서 맨발로 용서를 빌었고 결국 교황은 파문을 해제했다. 이 순간에 교황권이 정점에 도달했다. 그러나 이후 하인리히 4세는 세력을 규합하여 반격을 꾀했고, 그레고리우스 7세는 도피 중에 사망했다. 결국 서임권 투쟁은 교황이 성직자 임명의 권리를 갖지만, 황제도 성직자들에게 봉토를 하사하는 등 향응을 베풀면서 영향력을 계속 유지할 수 있다는 내용의 "보름스 협약"으로 1122년에 종결되었다.

그러나 도시 국가들로 분열되어 있던 이탈리아에서 교황파와 황제파의 분열은 겔프파와 기벨린파라는 이름으로 15세기까지 지속되었다. 전반적으로 상인 계층은 겔프파를 옹호했고, 농업에 기반을 둔 계층이 기벨린파를 옹호했지만, 상황은 그것보다 훨씬 복잡했다. 각 도시 국가마다 상황에 따라 교황의 세력이 위협이 될 경우 황제파가 되었고, 황제의 세력이 위협이 될 경우에는 교황파가 되었다는 것이 더 정확할 것이다.

다. 즉 곤경이 닥쳤을 때 오히려 자신의 세력을 증대시키기 위한 방법을 강구해야 한다는 것이다. 특히 신생 군주에게 그러한 어려움이 발생했을 경우, 운명의 여신이 권력을 증대시킬 기회를 준 것으로 생각하며 그것을 극복하려고 시도해야 한다는 것이다. 그 방법의 하나는 집권 초기에 미심쩍게 보였던 사람들일지라도 그들을 잘 관찰하면서 신뢰했던 사람들보다 더 유용하게 사용해야 한다는 것이다. 이를테면 초기에 적대적이었다 할지라도 스스로는 강력한 세력을 형성할 수 없는 사람들을 자신의 편으로 이끌어 들이라는 것이다. 그들은 인정을 받았다는 사실 때문에 충성을 바칠 것이며, 더구나 불리했던 첫인상을 만회하기 위해 더욱 충직하게 행동할 것이다. 이런 점에서 처음부터 인정을 받아 지위가 확고한 자들은 오히려 임무를 등한시하는 경향이 있는 반면 미심쩍었던 사람들이 더 충직한 부하가 될 수 있다는 것이다.

여기에서 군주의 덕목으로 중요하게 부각되는 것이 부하들의 본질을 파악할 수 있는 관찰력이다. 그는 지지자들이 자신을 왜 지지하는지 유심히 살펴보아야 한다. 만일 군주에 대한 절대적인 호감이나 충성 때문이 아니라 이전의 군주에 대한 불만 때문에 새로운 군주를 지지하는 것이라면 그는 조심해야 할 대상이다. 왜냐하면 이런 사람들의 불만은 충족시키기 어렵고, 그렇기 때문에 또다시 불평분자가 될 공산이 크기 때문이다.

다음으로 마키아벨리는 군주가 요새를 만들어야 할지, 아니면 있는 것까지 없애야 할지 그에 대한 견해를 제시한다. 왜냐하면 어떤 군주들은 요새를 건설했지만, 다른 군주들은 요새를 파괴하였기 때문이다. 이에 대해 마키아벨리도 요새가 유용할지 해로울지의 문제는 상황에 따라 결정된다고 판단을 유보한다. 그는 군주가 외세보다 국민을 두려워한다면 요새를 구축해야 하나, 그 반대의 경우라면 요새를 건설하지 말라고 주문한다.

최고의 요새는 사람들의 미움을 받지 않는 것입니다. 왜냐하면 요새가 있다 할지라도 사람들의 미움을 받으면 요새가 당신을 지켜 주지 못하기 때문입니다. 제20장

마키아벨리가 보기에 가장 안전한 요새는 외형적인 것이 아니라 국민의 증오를 받지 않아야 한다는, 마음속에 건설된 요새였다. 외형적인 요새는 상황에 따라 군주를 보호할 수도 그렇지 못할 수도 있기 때문이다. 푸를리 백작부인이라고 불린 밀라노의 카테리나 스포르차 한 사람이 그 두 예를 동시에 보여 준다. 카테리나의 남편이 음모로 암살되었을 때 그녀는 요새로 도피하여 그곳에서 지원군의 도움을 기다리며 보호를 받을 수 있었다. 그러나 체사레 보르자가 침입해 오고 노한 국민이 침략군에 가세했을 때 요새는 더 이상 도움이 될 수 없었다. 요새를 너무 믿고 국민의 미움을 사는 것은 군주로서 가장 피해야 할 일이다.

명성을 얻는
방법

군주가 명성을 얻는 가장 좋은 방법은 위대한 과업을 성취하고 유례가 드문 모범을 보이는 것이다. 위대한 과업을 성취한 예로 마키아벨리는 에스파냐의 국왕이 된 아라곤의 페르디난도를 꼽는다. 그는 약소국의 군주에서 대번에 기독교 왕국에서 가장 큰 명성을 누리는 왕이 되었기 때문이다. 그는 이슬람교도들이 점령하고 있던 그라나다를 공격하여 명성의 기반을 쌓았다. 평화로울 때 이 원정을 시작하여 반대 견해가 별로 없었고, 그에게 적대적일 수 있는 카스티야의 귀족들을 여유가 없이 전쟁에 내몰아 반란에 대한 모의조차 꾀할 수 없도록 만들었다. 그러는 사이에 그 귀족들에 대한 지배권이 저절로 강해졌다. 그는 이교도에 대한 성전을 벌이고 있다는 명분을 내세워 교회와 국민으로부터 재정적 지원을 받았고, 그것으로 군대를 강화하여 전투력을 상승시켰다. 그 바탕으로 다시

종교를 명분으로 내건 전쟁을 벌여 계속 성공을 거뒀다. 그의 국민들은 계속되는 사태의 진전에 주목하면서 긴장과 경이감을 동시에 느꼈다. 어느 누구도 그에게 반란을 시도할 시간조차 갖지 못했다.

유례가 드문 모범을 보여 명성을 얻은 예로서 마키아벨리는 밀라노의 군주였던 베르나보 비스콘티를 꼽는다. 그가 보인 비범한 행동은 누군가가 국민으로서 좋건 나쁘건 눈에 두드러지는 일을 했을 때 그에 대해 보상하거나 처벌했다는 것이다. 그런 행동은 군주가 비범한 능력을 갖춘 위대한 인물이라는 평판을 얻는 데 도움이 된다.

다음으로 마키아벨리는 그가 상대하는 군주들이 대립하여 전쟁을 벌이게 되면 결코 중립을 지키지 말라고 충고한다. 중립을 지킬 경우 이긴 자가 적이 되는 것은 물론 진 자도 신뢰를 보이지 않을

●●●
베르나보 비스콘티는 1354년부터 1385년까지 밀라노를 다스렸던 군주이다. 그는 잔혹하지만 독특한 성격을 갖고 있었다. 그는 교황의 명령을 거역한 이유로 파문에 처해졌다. 그는 파문을 알리는 문서를 갖고 온 교황청의 대사 두 명을 체포했다. 파문의 문서는 비단 줄로 둘둘 묶은 양피지였는데, 그는 대사들이 그 문서를 씹어 삼키지 않으면 석방하지 않겠다고 하였다.

것이기 때문이다. 군주는 동맹이건 적이건 한 측의 편을 들어 적극적으로 지지할 때 존경을 받는다는 것이다. 중립을 지킨 자들은 항상 승자의 제물이 된다는 사실을 상기시키며 마키아벨리는 적극적으로 한 편에 가담할 것을 권한다.

그렇다면 누구 편을 들어야 할 것인가. 마키아벨리는 누구와 어떻게 동맹을 맺어야 할 것인가 하는 문제에 대해 조언한다. 우방은 그 군주가 자신의 편을 들어 적극적으로 나서길 원하는 반면 우방이 아닌 측은 중립으로 남아 있길 원한다. 이럴 경우 우유부단한 군주일수록 중립을 지키려고 하는데, 그것은 파멸의 원인이 된다. 한 측을 지지하여 도왔을 경우 승리를 거두면 승자는 신세를 진 처지가 되기 때문에 친선 관계를 더욱 강화시키려할 것이다. 패배했다 할지라도 언젠가는 도움을 갚기 위해 돕고자 할 것이다. 따라서 동맹을 맺는 일은 적극적으로 추진해야 한다.

그런데 동맹을 맺는 상황에서도 상대방이 약한 군주일 때 동맹을 맺는 것이 유리하다. 그래야지만 승리를 거둔 뒤에도 그 승자는 당신의 처분에 맡겨지기 때문이다. 반면 강력한 세력과 자발적으로 동맹을 맺는 것은 피해야 한다. 승리를 거두더라도 그 승자의 세력권 안으로 들어가게 되는 결과로 이어지기 때문이다. 베네치아가 밀라노를 공격하기 위해 더 강한 프랑스와 동맹을 맺은 것이 베네치아 몰락의 시초였음을 마키아벨리는 상기시킨다. 교황청과 에스파냐가 롬바르디아를 공격했을 때 피렌체가 동맹을 맺지 않을 수 없었던 것처럼 불가피한 상황이 아니면 강한 세력과는 동맹을 맺지 말아야 한다. 즉, 마키아벨리가 말하려는 바는 이런 교훈으로 귀결된다. "신중함이란 곤경의 본질을 파악하여 해악이 가장 적은 것을 선으로 받아들이는 것입니다."

군주는 명성을 얻기 위해 재능이 뛰어난 자를 아낀다는 것을 보여 줘야 한다. 또한 그의 국민이 상업이건 농업이건 평온한 마음으로 자신의 직업에 몰두할 여건을 만들어 줘야 한다. 재산을 증식하면 빼앗길까봐 두려워하게 만들거나 세금이 두려워 상업에 종사하는 것을 꺼리게 만들면 안 된다. 오히려 그들에게는 적절하게 보상하여 적극적으로 일을 하도록 만드는 것이 필요하다. 때로는 적절한 시기에 축제와 같은 볼거리를 만들어 사람들에게 위안을 주는 것도 군주의 친절함을 과시하는 한 방편이다. 그렇지만 그렇게 호의를 베푼다고 하여 군주의 위엄이 손상되는 것처럼 보이는 것도 피해야 할 일이다.

마키아벨리를 위한 변명 군주론

충신과
아첨꾼

마키아벨리는 군주에게 대단히 중요한 문제로서 누가 충신이고 누가 아첨꾼인지 알아보는 능력에 대해 논한다. 충신과 아첨꾼을 알아보는 능력은 군주에게 대단히 중요하다. 왜냐하면 군주는 주변 인물들에 의해 평가를 받는 일이 흔하기도 하고, 그것이야말로 군주의 능력을 알아보는 정확한 잣대가 되기 때문이기도 하다. 즉 주변에 유능하고 충성스러운 부하들이 있다면 그는 능력이 있는 군주이며, 그 반대라면 그들을 선택한 군주가 무능력하다는 것은 틀릴 수 없는 진리이다.

그 예로 마키아벨리는 유능한 법학자이자 외교관이었던 안토니오 다베나프로를 대신으로 중용한 시에나의 군주 판돌포 페트루치를 거론한다. 그를 대신으로 두었다는 이유만으로 페트루치는 유능한 군주로 인정받고 있다는 것이다. 스스로 깨치는 인간과, 다른 사람이 깨친 것을 배워서 이해하는 인간과, 결코 이해하지 못하는 세 부류의 인간 중에서 능력 있는 인물을 선택하는 군주는 비록 스스로 깨치는 최고 부류의 인간이 되지는 못한다 할지라도 최소한 두 번째 부류의 인간에는 속한다. 즉 신하의 장단점을 분별하면서 좋은 행동에 보상하고 나쁜 행동을 처벌한다면 최소한 신하는 군주를 속일 생각을 갖지 못하기 때문이다.

충신을 알아보는 확실한 방법의 하나는 그가 자신의 이익을 추구하는가 아니면 군주의 일에 몰두하는가를 가늠하는 것이다. 대신처럼 나라를 다스리는 사람은 국가를 대표하는 군주의 일에 몰두해야 한다. 그러한 충성심을 확보하기 위해 군주는 나름대로 그를 우대하여 명예와 관직을 보장하는 등, 그가 빚을 지고 있다는 느낌이 들도록 만들어야 한다. 그럴 경우에 그는 자신이 누리고 있는 혜택을 잃을까 변화를 두려워하게 되며 더 큰 충성을 바친다. 이것이 군주와 대신 사이의 바람직한 관계이다.

군주는 충신뿐 아니라 아첨꾼도 식별할 능력을 갖춰야 한다. 아첨꾼을 가려내기 위해서 군주는 진실을 듣더라도 화를 내지 않는다는 평판을 들어야 한다. 그러나 다른 한편으로 아무나 군주에게 자신의 솔직한 의견을 말하게 방치한다면 그것 또한 사람들의 경멸을 받을 수 있다. 이러한 난관에 대해 마키아벨리는 대단히 실천적인 대안을 제시한다. 즉 생각이 깊은 사람들을 골라 그들로 하여금 군주가 물을 때에만 그 문제에 국한하여 솔직하게 말하도록 허용한다는 것이다. 물론 견해를 듣고 결정을 내리는 것은 군주 자신이지만, 군주는 그들이 솔직하게 말할수록 그들의 조언이 반영된다고 믿게끔 만들어야 한다. 이렇게 군주는 신뢰할 만한 사람들의 말 이외에는 귀를 기울이지 않고, 일단 정책이 결정되면 확고하게 추진해 나가야 한다. 그것이 아첨꾼을 피하는 최고의 방편이다.

신성로마제국의 황제 막시밀리안은 이와 정반대로 행동했기 때문에 어느 누구도 그의 결정을 신뢰할 수 없는 지경에 이르게 되었다. 즉 그에게 조언을 하던 루카 라이날디 신부에 따르면 그는 다른 사람들의 충고를 들으려고 하지도 않다가, 사람들이 사태의 진전에 따라 여러 가지 제안을 하면 그 사이에서 우왕좌왕하는 모습을 보였던 것이다. 현명한 군주라면 그와 달리 항상 조언을 구해야 한다. 다시 한번 강조하지만 군주는 자신이 조언을 원할 때 자신이 원한 사항에 대해서만 솔직한 견해를 참을성 있게 들어야 한다. 군주는 조언자가 진실을 말하지 않으면 노여움을 표시할 정도로 솔직하게 들을 태세를 갖춰야 한다.

보통 군주가 지혜로운 것은 조언자들이 지혜롭기 때문이라는 속설이 있지만, 마키아벨리는 그것이 잘못된 견해임을 밝힌다. 궁극적으로 여러 조언을 듣고 조정을 거쳐 결정을 내리는 것은 군주가 할 일이며, 따라서 그 모든 것에 대한 평가는 군주에게 내려지는 것이기 때문이다.

7
이탈리아 통일의 염원

이탈리아 군주들의 결함

　지금까지 마키아벨리의 모든 논의는 피렌체에서 새로 권력을 잡은 메디치 가문이 이탈리아의 통일을 위해 큰 역할을 해주기를 바라는 염원으로 귀결된다. 메디치 가문에 대한 희망을 토로하기에 앞서 마키아벨리는 그동안 이탈리아 군주들이 어떤 과오를 저질러서 지금 이탈리아가 위기에 처했는지 그 상황에 대한 진단을 먼저 내린다.

　새롭게 군주가 된 사람들은 세습 군주보다 더 큰 장점을 갖고 있다. 세습 군주들은 선대에서 해오던 일을 답습하는 경우가 많은 반면 신생 군주는 현재 일어나고 있는 일들에 더 큰 관심을 두고 있다. 그들이 이루고자 하는 일에 성공을 거두면 사람들은 그를 도우려 할 것이며, 따라서 새로운 군주국을 창건한 위업에 더해 새로운 법률과 군대와 동맹을 통해 그 나라를 잘 운영하는 과업을 완수하는 것이다.

그렇지만 아라곤의 페르디난도와 프랑스 루이 12세의 협공을 받아 왕국을 빼앗긴 나폴리의 국왕 페데리코나 루이 12세의 군대에 의해 축출된 밀라노의 루도비코 일 모로와 같은 이탈리아의 군주들은 군사적인 약점을 갖고 있었다. 게다가 국민이 군주에 적대적인 경우도 있었고, 그렇지 않을 경우에는 귀족들의 저항에 부딪쳤다. 전투력을 갖고 있기만 하다면 국민의 호의를 얻을 경우 영토를 빼앗기는 일이 없다는 것은 마케도니아의 필리포스 5세의 예에서 보듯 역사가 증명한다.

반면 이탈리아의 군주들은 그 모든 것을 갖추지 못했는데도 자신의 무능함보다는 운이 막힌 것을 탓했다. 오히려 그들은 자신이 역경에 제대로 대처하지 못했음을 질책해야 했다. 그들은 방어하기보다는 도망칠 궁리에 바빴고, 정복자에 저항하는 것보다는 국민들이 권력을 되찾아 주리라고 기대했다. 그러나 누구를 막론하고 다른 사람이 자기를 일으켜 주리라 기대하면서 넘어져서는 안 되는 일이다. 군주로서는 무엇보다도 자신의 주도 아래 자신의 힘으로 모든 역경에 대처해야 한다.

운명의 힘과
인간의 힘

여기에서 마키아벨리는 운명의 힘이 인간의 행동에 미치는 영향에 대해, 그리고 그것을 조정할 수 있는 인간의 능력에 대해 논한다. 사람들은 보통 세상의 일을 운명이나 신이 주관하며 인간이 그에 대한 해결책을 찾으려는 노력은 무위로 끝난다는 생각을 갖는다. 그렇지만 여기에 대해 마키아벨리는 운명이 주재하는 것은 인간사의 절반 정도이며 나머지는 인간 스스로의 능력에 따라 결정될 수 있다고 논한다.

운명이라는 강이 범람해 온다고 할 때 그 격류에서 도피하려고만 하는 사람은 결국 굴복하게 된다. 그러나 범람하기 전에 미리 그것을 예측하여 제방과 방파제를 쌓아 놓은 사람은 범람을 막거나, 막지 못했을 때라도 그 힘을 현저하게 약화시킬 수는 있다. 마키아벨리가 한탄하는 것처럼 이탈리아에서는 독일, 에스파냐, 프랑스와 달리 누구도 그런 방파제를 만들어 놓지 못했다. 그 방파제란 국민들로 이루어진 강력한 군대를 말한다.

운명의 힘을 인간의 능력으로 조정할 수 있는 방식에 대해서는 세밀하게 검토해 봐야 한다. 전적으로 운명의 힘만을 믿는 군주는 몰락하기 쉽다. 그의 대처 방식이 시대나 상황의 변화에 부응하지 못했기 때문이다. 사람들마다 자신의 목적, 즉 영광과 부의 획득을 위해 접근하는 방식은 그들의 성향에 따라 다르다. 어떤 사람은 신중하나 어떤 사람은 격렬하다. 어떤 사람은 힘에 의존하고 어떤 사람은 술책에 의존한다. 어떤 사람은 참고 기다리나 어떤 사람은 그렇지 못하다. 그렇게 다른 기질을 가진 사람들이 다른 방법을 사용한다 하더라도 똑같은 목표에 도달할 수 있다. 다른 한편으로는 똑같이 신중한 기질을 가진 두 사람이 같은 목표를 추구했다 할지라도 한 사람은 성공을 거두고 다른 사람은 실패할 수도 있다. 기질이나 방법에 있어 절대적으로 옳은 것은 없다. 그것이 시대와 상황이라는 조건에 부합하는가 하는 것이 더 중요하다. 시대와 상황이 변했는데 자신의 방식을 변화시키지 않는 사람은 실패하기 쉽다. 신중한 성격의 소유자는 그것이 시대와 상황에 맞을 때는 성공을 거두지만, 그것이 맞아 들어가지 않을 때에도 성공했던 기억을 생각하며 과거의 방법을 버리지 못해 결국은 실패한다.

시대와 상황의 변화를 알아보고 거기에 맞춰 과감하게 행동하기는 대단히 어렵지만, 그것이 가능한 사람은 언제나 성공을 거둘 것이다. 과감하게 일을 처리하여 성공을 거둔 사람의 대표적인 예로 마키아벨리는 교황 율리우스 2세를 꼽는다. 볼로냐에 원정했을 때 그는 에스파냐 왕과 베네치아 사람들의 반대에도 불구하고 원정을 감행하여 그들이 우물쭈물하는 사이에 성공을 거뒀다. 율리우스는 프랑스 왕도 개입시켰는데, 베네치아의 영향력을 축소시키려던 프랑스 왕은 율리우스의 도움이 필요했고, 율리우스의 개입 제의를 거부한다면 그와의 친선 관계를 훼손시킬 수 있다고 판단하여 군대 파견을 거부하지 못했다. 율리우스는 이렇듯 신속하게 과단성을 보임으로써 성공을 거뒀다고 마키아벨리는 판단한다.

마키아벨리가 보기에 운명은 가변적이지만 인간은 접근 방식이 고정되어 있다. 운명과 인간의 처신 방법이 조화를 이루면 번영할 수 있지만, 그렇지 않으면 실패한다. 마키아벨리는 운명의 신이 여성이기 때문에 거칠게 다루어야 한다며, 군주가 과단성 있게 행동할 것을 촉구한다. 신중하게 행동하는 것보다는 과감하게 행동하는 것이 운명의 여신의 선택을 받을 수 있다는 것이다.

이탈리아 해방을
위한 권고

　　이제 마지막으로 마키아벨리는 이탈리아 통일에 대한 염원을 실현시켜 줄 구세주로서 메디치 가문에 기대한다. 『군주론』에서 펼쳤던 모든 논의는 이탈리아를 위기에서 구출해 줄 영웅의 탄생을 예고하는 희망으로 연결되는 것이다. 이집트와 페르시아와 그리스가 억압을 받고 지리멸렬한 상태에 있었던 것이 오히려 모세와 키루스와 테세우스 같은 걸출한 영웅의 탄생을 위한 조건이었던 것과 마찬가지로 당시의 이탈리아가 참담할 만큼 황폐한 상황에 처해 있는 것은 마키아벨리에게는 더 큰 영웅을 맞을 준비가 되어 있다는 의미였다. 마치 신에게서 명을 부여받은 듯했던 체사레 보르자에게 이탈리아의 구원을 기대했으나, 그는 사라졌다. 그 뒤 이탈리아는 롬바르디아, 나폴리, 토스카나 등 곳곳에서 외세의 지배를 받으며 유린당하고 있었다. 그 상처가 깊을수록 새로운 지도자가 나타난다면 그를 따를 태세도 더욱 치열하게 갖춰져 있었다.

이런 상황에서 메디치 가문이 다시 전면에 나섰다. 그 가문이야 말로 인간사의 절반을 관장하는 운명의 힘과 나머지 절반을 주재하는 인간의 힘을 고루 갖췄을 뿐더러, 조반니 데메디치가 교황에 오른 일에서 보듯 신과 교회의 가호까지 받고 있다. 마키아벨리는 리비우스의 다음 문구를 인용한다. "필요한 전쟁은 정의로운 전쟁이며, 희망이 없을 때 드는 무기는 신성한 무기이다." 따라서 그렇게 신과 운명의 힘을 부여받은 로렌초 데메디치가 나서서 모세와 키루스와 테세우스의 행적을 명심하며 인간 몫의 자유 의지에 의한 노력을 경주한다면 이탈리아는 구원을 받을 것이다.

이탈리아인들은 개인적으로 탁월한 능력과 용기를 갖고 태어났으나, 제도가 부실하여 그 능력을 제대로 활용하지 못했다. 그것은 탁월한 지도자의 부재에서 비롯된 것이다. 당시 20여 년 동안 벌어진 전투에서 이탈리아인들만으로 구성된 군대가 모두 외세에 굴복했다는 사실이 지도자의 부재를 증명한다. 이제 메디치 가문에서 그 역할을 맡아 탁월한 이탈리아인들의 개인적인 능력을 결집시켜 훌륭한 군대로 양성한다면 이탈리아의 영광은 다시 눈에 보인다. 에스파냐와 스위스의 보병이 강하다고 하나 상대적인 약점을 갖고 있고, 그것을 파악하여 적절한 무기와 새로운 전투 대형을 사용한다면 이탈리아의 통일을 이룰 수 있을 것이다. 마키아벨리는 이런 우국충정을 담아 로렌초 데메디치에게 『군주론』을 헌정한 것이다.

마키아벨리가 로렌초 데메디치에게 바란 것은 군주 개인의 명예도 그 가문의 영광도 아니었다. 그것은 외세의 야만적인 폭정에 시달리는 이탈리아를 숭고하게 만들기 위해 운명의 힘과 인간의 힘을 고루 갖춘 덕망 있는 군주가 나선다면 모든 이탈리아인들이 따라나서겠다는 희망의 토로이다. 그것은 민족적 동질성과 우수성만을 강조하면서 배타적으로 '피는 물보다 진하다'는 논리를 강조하는 민족주의와 다르다. 역사가 증명하듯 민족의 우수성에 대한 맹신은 잔혹한 결과를 초래했다.

마키아벨리의 논지는 요즘 부각되고 있는 '애국주의(patriotism)' 개념과 유사하다. 그 개념의 어원이라 말할 수 있는 라틴어 patria는 구체적인 공간이라기보다는 공공의 선이 존재하는 추상적인 공간이라고 말할 수 있다. 민족주의의 어원인 natio는 일정한 습관을 지닌 구체적인 인간들이 사는 구체적인 공간이다. 그곳에서는 혈연적 유대, 종족적인 통합이 선행하여 궁극적으로 인종주의와 같은 야만이나 폭정이 벌어질 수 있다. 반면 patria는 공공의 자유와 공동의 이익이 앞서는 나라이다. 따라서 그 patria에 충성을 바치는 애국주의는 폭정에 반대한다. 즉 애국이란 동료 시민을 사랑하고 나라를 위해 헌신하는 것이다.

이런 애국주의 담론이 완성된 곳이 15세기의 피렌체였다. 레오나르도 브루니와 같은 인문주의자가 피렌체를 조국으로 받든 것은 그곳이 정의를 추구하는 자유롭고 평등한 시민들의 공화국이기 때문이었다. 마키아벨리는 그러한 담론을 이어받아 완성시켰다. 마키아벨리 역시 인문주의자로서 고대 로마의 키케로와 리비우스의 애국주의를 물려받았다. 그에게 국가란 바로 법과 공동의 자유를 뜻했으며, 따라서 정직한 인간의 가장 고귀한 도덕적 의무는 애국이었다. 마키아벨리에게 로렌초 데메디치는 개인으로서의 군주가 아니었다. 그는 국가의 현현이었다. 그에게서 애국을 할 대상으로서 국가의 부활을 기대한 것이었다.

비르투와 포르투나

　마키아벨리의 『군주론』에서 특히 중요하게 부각되는 개념은 '비르투virtù'이다. 세 번의 형용사 형태와 한 번의 부사 형태를 포함하여 이 책에서 그 단어는 59차례 등장한다. '포르투나fortuna'라는 단어와 짝을 이루는 경우는 17차례이다. '능력', '솜씨', '재능', '인간의 힘', '미덕', '장점' 등으로 번역될 수 있고, 문맥에 맞춰 그때그때 적절한 단어를 사용하는 것이 합당하다. '운명' 또는 '운명의 힘'으로 번역되는 '포르투나'와 대구를 이룰 때는 '인간의 힘'으로 번역하는 것이 가장 적절한 것으로 여겨진다. '비르투'는 중세에는 명상이나 기도와 관련된 수동적인 의미를 갖는 단어였다. 그러나 마키아벨리의 『군주론』에서는 그런 의미가 완전히 사라졌다. 마키아벨리에게 있어서 '비르투'는 인간의 정신과 육체 모두와 관련된 적극적인 행동을 전제로 한다.

　『군주론』 25장에서 마키아벨리는 인간사에 작용하는 힘으로서 '포르투나'와 '비르투'의 관계에 대해 논한다. 마키아벨리는 운명의 힘을 거역할 수는 없지만, 그것을 예측하여 대비할 수는 있다고 하면서 인간의 행동은 운명의 힘과 인간의 힘이 각기 절반 정도씩 작용하여 이루어진다고 말한다.

　그런데 사실 포르투나와 비르투의 상관관계에 대한 논의의 출발점은 마키아벨리가 제공한 것이 아니다. 그것은 가톨릭 신학에서 인간의 구원과 관련된 논의의 핵심에 있었다. 인간은 구원을 받기 위해 자유의지에 따른 선행을 해야 하는가, 아니면 전적으로 신의 은총에 의존해야 하는가? 실제로 자유의지에 따른 인간 영혼의 구제 가능성을 논했던 신학자들은 이단으로 정죄된 적이 많았다. 마르틴 루터가 주도하여 가톨릭교회에 반기를 든 종교개혁도 이러한 문제의 연장선상에서 파악할 수 있다.

그 종교적인 문제가 세속적으로 바뀌었을 때 비르투와 포르투나 가운데 어떤 것이 인간사에 더 크게 작용하는가와 같은 종류의 논제로 변할 수 있다. 중세 신학에서 신의 권능을 증명하기 위해 만들어진 논리들이 근대 과학의 발전에 초석을 깔았다는 주장을 펼치는 학자들도 있다. 그 주장의 일부를 따라가 보자.

중세 신학에 따르면 모든 제도를 포함하는 인간의 역사는 신의 섭리가 표현된 것이다. 그러나 여기에는 신이 의도한 바를 어떻게 인간이 이해할 수 있겠는가 하는 문제가 따른다. 신학적 설명에 의존하면 신은 자신의 의도를 인간의 능력에 맞게 인간의 언어로 적용시켜 표현해 왔다. 이러한 설명에 내재하는 한 가지 전제 조건은 인간의 역사가 사회적, 문화적 진화의 과정을 겪어 왔다는 것이다. 즉 신은 여러 시대의 "시대적 특징(qualitas temporum)"에 맞추어, 바꾸어 말하자면 각 시대의 인간들이 이해할 수 있는 능력에 따라 인간에게 자신의 의도를 표출시켰다는 것이다.

마키아벨리에 따르면, 같은 성향과 능력을 가진 사람들이 같은 목적을 추구해도 성공과 실패가 갈릴 수도 있고, 다른 성향과 능력을 가진 사람들이 다른 방법을 추구해도 동일한 목표에 도달할 수 있다. 인간의 능력만으로 모든 것이 결정되는 것이 아니라 시간과 상황의 논리라 할 수 있는 '운명의 힘'이 작용했기 때문이다.

마키아벨리와 비슷한 맥락에서 인류 초기의 조야하고 야수적인 성질이 곧 사회를 구성하도록 만든 동력이라는 비코의 "섭리", "개인적 악덕이 곧 공공의 선"이라는 개념에 의거한 아담 스미스의 "보이지 않는 손", 헤겔의 세계의 이성이 자신의 목적을 이루기 위해 반이성적인 정열을 사용하고 있다는 "이성의 간지"와 같은 사상들의 근원에는 전술한 중세의 신학적 설명이 존재하고 있다고 볼 수 있다.

참고 도서

니콜로 마키아벨리, 곽차섭 옮김, 『군주론』, 길, 2015.

국내에 출간된 『군주론』의 여러 번역본 중에서 가장 최근에 번역되었고, 원전에 가장 충실하다. 마키아벨리를 줄곧 연구해 온 역자의 주해도 믿음직스럽다.

니콜로 마키아벨리, 강정인, 안선재 옮김, 『로마사 논고』, 한길사, 2003.

마키아벨리의 사상이 가장 충실하게 반영되어 있다는 저서로서, 『군주론』과 비교하며 읽어 봐야 할 책이다.

니콜로 마키아벨리, 곽차섭 옮김, 『마키아벨리와 에로스』, 지식의 풍경, 2002.

『만드라골라』를 비롯한 마키아벨리의 희곡과 편지를 모아 엮은 책이다.

곽차섭, 『마키아벨리즘과 근대 국가의 이념』, 현상과 인식, 1996.

16, 17세기에 마키아벨리의 사상이 '국가 이성 논쟁'과 '타키투스주의'라는 조류를 타고 널리 퍼지게 된 과정을 추적한 책이다.

프란체스코 귀차르디니, 이동진 옮김, 『통치자의 지혜』, 해누리, 2006.

마키아벨리와 동시대에 피렌체에서 살았던 정치가이자 역사가의 글 중에서 금언을 모아 놓은 책이다.

김상근, 『천재들의 도시 피렌체』, 21세기북스, 2010.

피렌체가 배출한 천재들에 대한 서술을 통해 마키아벨리의 지적 배경을 설명한다.

로베르토 리돌피, 곽차섭 옮김, 『마키아벨리 평전』, 아카넷, 2000.

이탈리아의 저명한 문헌학자가 저술한 마키아벨리의 전 생애에 대한 가장 충실한 평전.

레오나르도 브루니, 임병철 옮김, 『피렌체 찬가』, 책세상, 2002.

피렌체 출신 르네상스 지식인이었던 브루니가 자신의 고향의 장점에 대해 논한 책으로서 그의 공화주의 사상도 엿볼 수 있다.

조승래, 『공화국을 위하여』, 길, 2010.

마키아벨리의 사상을 이해하기 위해 필수적으로 알아야 하는 공화주의 개념의 역사적 형성 과정과 그 핵심 사상을 집대성한 저서.

퀜틴 스키너, 강정인, 김현아 옮김, 『마키아벨리의 네 얼굴』, 한겨레출판, 2010.

정치사상사의 거장인 케임브리지 대학교 교수 퀜틴 스키너가 마키아벨리에 대한 여러 해석을 정리한 소책자.

J. G. A. 포칵, 곽차섭 옮김, 『마키아벨리언 모멘트』, 나남, 2011.

마키아벨리의 공화주의가 대서양을 건너 미국의 건국이념에 반영되어 있다는 담대한 주장을 담론의 이론에 근거하여 펼친 저작.

1469   마키아벨리, 피렌체에서 태어남.

1494   피에로 2세 추방, 메디치 가문 몰락.

        피렌체 공화정 복구.

1498   사보나롤라 화형당함.

        피렌체 공화국 제2서기장직 맡음.

        10인 전쟁위원회 참여.

1500   프랑스의 루이 12세 궁정에 파견됨.

1501   마리에타 코르시니와 결혼.

1502~3 체사레 보르자에 파견됨.

1503   교황청에 파견됨.

1506   피렌체 시민군 조직.

1512   에스파냐에 피렌체 굴복.

        공화정 수장 피에로 소데리니 추방당함.

        메디치 가문 복귀.

        마키아벨리, 공직에서 추방당함.

1513   메디치가에 대한 모의 혐의로 투옥되었다가 석방됨.

        『군주론』 집필.

1514   오르티 오리첼라리 토론 모임에 자주 참석.

1518   『만드라골라』 집필.

1518(9) 『로마사 논고』 완성.

1521   『전술론』 출간.

1525   『피렌체의 역사』 완성.

1527   피렌체 공화정 다시 복구.

        마키아벨리 사망.

나의 고전 읽기 23

마키아벨리를 위한 변명 군주론

ⓒ 조한욱 2015

2015년 7월 15일 초판 1쇄 발행
2021년 12월 30일 초판 3쇄 발행

글쓴이 조한욱
기획진행 홍창의

펴낸이 신광수 | **CS본부장 강윤구** | **출판개발실장 위귀영** | **출판영업실장 백주현**
디자인실장 손현지 | **개발기획실장 김효정**
아동콘텐츠개발팀 박재영, 서정희 | **출판디자인팀 최진아, 김가민** | **저작권 김마이, 이아람**
채널영업팀 이용복, 이강원, 김선영, 우광일, 강신구, 이유리, 정재욱, 박세화, 김종민, 이태영, 전지현
출판영업팀 박충열, 민현기, 정재성, 정슬기, 허성배, 정유, 설유상
개발기획팀 이병욱, 황선득, 홍주희, 강주영, 이기준, 정은정
CS지원팀 강승훈, 봉대중, 이주연, 이형배, 이은비, 전효정, 이우성

펴낸곳 ㈜미래엔 | **등록 1950년 11월 1일 제16-67호**
주소 서울시 서초구 신반포로 321 | **전화 미래엔 고객센터 1800-8890 팩스 541-8243**
홈페이지 주소 www.mirae-n.com

978-89-378-9824-2 44340
978-89-378-4141-5 44080(세트)

조한욱

서강대학교 사학과와 대학원을 졸업하고 미국 텍사스 주립대학에서 「미슐레의 비코를 위하여」로 박사 학위를 받았다. 비코, 서양사학사, 서양사상사와 관련된 여러 편의 논문을 썼으며, 신문화사의 이론을 간략하게 정리한『문화로 보면 역사가 달라진다』를 비롯하여『서양 지성과의 만남 1』,『역사에 비친 우리의 초상』등을 집필했다. 옮긴 책으로는『바이마르 문화』,『고양이 대학살』,『포르노그라피의 발명』,『문화로 본 새로운 역사』,『프랑스 혁명의 가족 로망스』,『마녀와 베난단티의 밤의 전투』,『문화사란 무엇인가』,『밤의 문화사』,『금지된 지식: 프로메테우스에서 포르노그래피까지』등이 있다.

현재, 한국교원대 역사교육과 교수로 재직하고 있다.

김태권

서울대학교 미학과를 졸업하고 한겨레 일러스트학교를 수료했다. 서울대학교대학원 서양고전학 협동과정에서 그리스와 라틴 고전문학을 공부하고 있다.『장정일 삼국지』일러스트로 데뷔,『철학학교』와『에라스무스 격언집』에 삽화를 그렸으며, 지은 책으로『김태권의 십자군 이야기』,『히틀러의 성공시대』,『김태권의 한나라 이야기』,『삼인삼색 미학 오디세이』(공저),『르네상스 미술 이야기』,『어린왕자의 귀환』등이 있다.

현재〈한겨레신문〉에 '김태권의 인간극장'을 연재하고 있다.